AF314673

DE LA
Monarchie

ÉTUDE ANALOGIQUE

FRANCE ET LUXEMBOURG

PARIS

8, RUE SAINT-JOSEPH, 8

DE LA

MONARCHIE

ÉMILE COLIN. — IMPRIMERIE DE LAGNY

DE LA
MONARCHIE

ÉTUDE ANALOGIQUE

FRANCE ET ALLEMAGNE

PAR

Victor HARTOGENSIS

PARIS

ERNEST KOLB, ÉDITEUR

8, RUE SAINT-JOSEPH, 8

—

Tous droits réservés

INTRODUCTION

———

Voici un livre qui nous vient d'Allemagne, où il n'a pas été sans faire du
bruit, et qui me paraît curieux à plus
d'un titre. D'abord, on y retrouve cette
érudition allemande qui est toujours
faite pour nous étonner, nous autres
« latins », pour parler comme tous les
docteurs de toutes les facultés d'Alle-

magne. Il est impossible d'accumuler plus de faits, plus de dates, plus de relations que ne l'a fait dans ce livre l'auteur, qui occupe dans son pays une situation officielle.

Ensuite, je ne sais si je me trompe, mais ce n'est jamais sans un véritable sentiment de stupeur que je vois un étranger connaître de cette façon le fonds et le tréfonds de notre histoire nationale. Combien de gens en France pourront trouver leur profit dans la lecture de cet essai ! Mais combien y en aurait-il qui pourraient donner autant de renseignements sur l'histoire d'Allemagne ? Il ne serait pas bon pour notre amour-propre national de s'en enquérir trop minutieusement.

*Enfin, ce livre est du plus haut inté-
rêt, par les choses qu'on peut y lire entre
les lignes : ce n'est pas pour faire un vain
étalage d'érudition que l'auteur s'est
complu aux souvenirs de l'histoire de
France, c'est parce qu'il n'avait que
ce moyen de dire ce qu'il avait sur le
cœur. On ne peut pas dire ce que l'on
veut en Allemagne, on peut encore
bien moins y écrire ce que l'on désire.
Et alors M. Hartogensis a voulu montrer à ses compatriotes, par des faits
indiscutables, que l'omnipotence d'un
ministre, quelque grand qu'il soit, ne
peut que nuire à la monarchie : il se
trouve par hasard que cette démonstra-
tion intéresse les Allemands d'à présent !
De plus, il a prouvé qu'en 1788, personne*

en France ne pensait à la Révolution, que tout le monde y était très loyal ou du moins que tout le monde croyait l'être, et que cela n'a pas empêché la Révolution d'éclater un an plus tard et l'échafaud de fonctionner cinq ans après. Il y a là matière à de très instructives réflexions tout autant pour les Allemands que pour d'autres.

Mais par le temps qui court maintenant en Allemagne, ce livre vient à point. Il a fait crier quelques officieux de Berlin qui l'ont trouvé symptomatique. Et je donne ici, une opinion personnelle : il semble que ce n'est plus seulement en bas que l'on est mécontent en Allemagne, c'est en haut. On commence à trouver que le régime

du sabre est parfois dur à supporter,
qu'il n'y a pas que l'armée dans un
pays qui compte quarante-deux millions d'habitants, et qu'à force de comprimer la vapeur on fait éclater la chau-
dière. En un mot, on commence à avoir
peur, et on se met à le dire.

Et comme tout ce qui se dit et se fait
en Allemagne est, hélas ! depuis vingt
ans, de nature à nous intéresser, j'ai
cru pouvoir signaler ce livre au public
français. Il y trouvera son profit :
comme moi sans doute, il verra que
chez nos puissants voisins, aussi bien
qu'ailleurs, tout ce qui brille n'est pas
or, que les ceinturons les mieux asti-
qués ne sont pas les plus résistants, et
que, même en Allemagne, il y a des

gens très monarchistes et nullement so-
cialistes, comme l'auteur de ce livre,
et qui croient que tout n'est pas pour le
mieux dans le meilleur des mondes.
Cela nons apprend quelque chose.

J. S. C.

PRÉFACE

———

Les pages qui suivent ont été inspi-
rées par le centenaire de 1789. L'auteur
croit y toucher à des sujets, intéres-
sants au point de vue historique, et importants au point de vue de l'actualité.
Il avoue sans peine aucune qu'il lui
a fallu beaucoup de courage pour ne pas
se laisser entraîner par les documents

de tout genre qui se présentaient à lui, mais il espère que les quelques pages qui suivent feront mieux et plus clairement comprendre que des volumes massifs et effrayants le but qu'il poursuit.

En Allemagne, on écrit volontiers des ouvrages très étendus, mais que personne ne lit. Lira-t-on ces pages en France? l'auteur l'espère, car les grands souvenirs de la Royauté y abondent.

V. H.

Berlin. 31 janvier 1889.

DE LA

MONARCHIE

CHAPITRE PREMIER

Le 25 décembre 1788, jour de la Sainte-Noël, Louis XVI, roi de France et de Navarre, descendant de saint Louis, était dans la grande salle de son palais du Louvre en face de douze pauvres agenouillés. Il était entouré de sa cour, de

tout le luxe, de tout l'éclat d'une monarchie séculaire. Les médecins soulevaient
la tête des pauvres déguenillés ; le roy
faisait une croix sur leur front et disait :

« Le roy te touche, Dieu te guérisse. »

Personne n'aurait cru que l'année sui-
vante 1789, commencerait cette époque
terrible pendant laquelle le roy ne pourrait plus guérir son peuple malade, son
royaume déchiré.

*
* *

La royauté rayonnait alors encore de
toute la gloire traditionnelle de la Maison de Bourbon ; le roi était encore l'oint

du Seigneur ; il se savait le roy très chrétien ; il se croyait le souverain chéri du grand peuple qui voulait marcher à la tête de la civilisation européenne.

Dans une lettre, datée du 20 août 1787, le marquis de Crest disait de lui : « Un roy qui est si bon, qu'on le croirait créé pour être aimé, pour être adoré par tous ses sujets » ; et Louis, à cette époque, était encore en droit de croire aux paroles du marquis. C'était encore l'heureuse époque où tout Paris était en émoi quand il apprenait que le roy, voulant couper une branche d'arbre, s'était blessé à la cuisse.

Et ce n'était pas là une particularité de Paris, puisque en 1780 le savant légiste Achenwall parlant dans sa *Constitution des États* du caractère des Français, disait:

« Leur intelligence ouverte, leur gaieté, leur sociabilité, leur tempérance, leur fidélité au roy, leur amabilité pour l'étranger les rendent vivaces et agréables. »

Quand Louis assista avec la reine Marie-Antoinette à une représentation des *Bourgeois de Calais*, on lui fit une véritable ovation quand on entendit un des acteurs prononcer les paroles suivantes :

« Le Français dans son prince, aime à trouver un frère
Qui né fils de l'État en devienne le père,
L'État et le monarque à nos yeux confondus
N'ont jamais divisé nos vœux et nos tributs.
De là cet amour tendre et cette idolâtrie
Qui dans le souverain adore la patrie ;

Sublime passion d'un peuple impétueux,

De l'empire des lys fondements vertueux

Et qui, le distinguant par les plus nobles marques

Fait à cent souverains envier nos monarques. »

Quand le 22 octobre 1780, la reine donna le jour à un fils, l'enthousiasme fut général. Dans les salons de Paris on parlait d'un bourgeois qui, au lieu d'illuminer sa maison, avait payé les impôts des pauvres gens de son quartier. Voilà où l'on en était.

*
* *

Et qu'on ne m'accuse pas d'exagération : les preuves de mon dire abondent.

Mounier lui-même, s'en référant au jugement de tous les Français impartiaux, ne disait-il pas :

« En 1787, il n'y avait pas un Français qui ait nourri l'idée de changer la forme du gouvernement. »

L'Anglais Pinkerton allait plus loin quand il disait :

« Parmi tous les peuples du monde, le peuple français est celui qui est le moins capable de supporter la forme républicaine. »

Et Ferrières était absolument dans le vrai, quand il faisait remarquer que :

« Jamais on n'aurait pu faire comprendre au clergé et à la noblesse que la Révolution était depuis longtemps dans l'esprit et dans le cœur de tous les Français.»

Comment aurait-on pu croire à une révolution dans un pays où Voltaire, le roi
Voltaire, disait :

« Rien ne vaut sur la terre le fils du Roi de France. »

Holbach et Diderot rendaient les mé-
mes honneurs à la royauté.

Autour du nom de Henri IV s'était établi
un véritable culte. Les anecdotes abondent
à ce sujet. On sait ce qui se passa un
jour à Verdun pendant une représentation de la *Partie de chasse du roi Henri*,
la jolie pièce de Collet. A la scène du
dîner, quand l'acteur se mit à chanter :

Vive Henri quatre !
Vive ce roi vaillant !

Le public tout entier se leva et se mit à crier : « Vive Henri IV. »

Et l'histoire du pauvre aveugle qui, accroupi devant la statue d'Henri IV, sur le Pont-Neuf, implorait en vain la charité des passants au nom de saint Pierre et du Saint-Esprit, et qui ne vit les pièces blanches tomber dans son chapeau crasseux que lorsqu'il eut imploré les passants au nom du roi Henri.

.·.

Du reste, une des choses les plus caractéristiques qui aient été dites sur cette époque a été dite par Talleyrand.

Voici ce passage qui m'a toujours frappé (1) :

« On a calomnié ce pauvre dix-huitième siècle et, ma foi, je ne vois pas en quoi la productivité de votre système égale celui que vous maudissez tant.

« Où est l'esprit de nos salons, l'indépendance de nos écrivains, où est le charme et l'influence des femmes de notre monde? Qu'avez-vous en place de toutes ces choses disparues à jamais? Si j'étais jeune, je voudrais être vieux pour jouir au moins du souvenir de ce temps exquis. Je donnerais pour ce souvenir toute la nouveauté et tout le soi-disant progrès de votre système social : je donnerais même la

(1) *Vie du prince de Talleyrand*, par Colmach, édition allemande. 1851, tome II. page 241.

jeunesse et la force qui sont nécessaires pour en jouir. Je sais bien qu'il y avait des défauts, qu'il y avait des exagérations, mais dans quel système n'en trouve-t-on pas? Notre peuple souffrait de la pauvreté et des impôts : le vôtre est dévoré par l'envie et le mécontentement. Notre aristocratie était gâtée et dissipatrice ; la vôtre est bourgeoise et avare. C'est encore un plus grand malheur pour le bien de la nation. Notre roi avait beaucoup de maîtresses, le vôtre a beaucoup de maîtres. A-t-il gagné au change ? »

Talleyrand avait raison et au milieu de ce monde si sociable, si occupé de mille riens, monde d'une frivolité si charmante et disons-le si absorbante, en somme, les hommes d'Etat et les penseurs ne pouvaient pas voir ce que l'avenir apportait à grands pas : des Juges. On a pu reconnaître jadis, dans le pèlerin qui errait sur les bords du Jourdain, le réformateur du monde : la beauté morale resplendissait sous ses habits poudreux ; mais dans la France et dans le Paris du dix-huitième siècle, personne n'aurait pu reconnaître le Paris et le pays de la Révolution.

*
* *

Cependant il y avait des signes plus ou moins clairs d'une catastrophe inévitable. J'extrais quelques lignes d'un ouvrage peu connu et que M. Taine lui-même semble n'avoir pas eu entre les mains.

Dans le *Devin européen*, qui a paru à Brême en 1758, on parle d'une apparition qu'un magicien florentin évoqua devant Catherine de Médicis.

On voulut lui montrer les rois de France et lui faire connaître ceux qui mourraient de leur mort naturelle et ceux qui mourraient de mort violente : les uns disparaîtraient et elle verrait les autres tomber du trône. Elle vit disparaître François II et Charles IX ; elle vit tomber Henri III et Henri IV.

Le chroniqueur anonyme ajoute même qu'elle s'écria en voyant Henri IV :

« Hélas ! voici le petit Béarnais. »

Puis elle vit deux princes calmes et tranquilles. C'étaient Louis XIII et Louis XIV. Mais cette vision tranquille disparut à son tour : elle ne vit plus que des monstres qui se déchiraient entre eux, un amas monstrueux de lions, d'ours, de tigres, de dragons, de serpents et de loutres. La reine s'évanouit et l'apparition avait pris fin.

*
* *

En 1776 parut une *Prédiction turgotine*, dirigée contre le ministre Turgot, et dans laquelle on trouve ce qui suit :

> De même pas marcheront
> Noblesse et roture ;
> Les Français retourneront
> Au droit de nature.

2

Adieu, Parlements et loix,
Adieu, ducs, princes et roys.
La bonne aventure.

Alors, amour, sûreté.
Entre sœurs et frères,
Sacrements et parenté
Seront des chimères.
Chaque père imitera
Noé, quand il s'enivra.
Liberté plénière !

Plus de moines langoureux,
De plaintives nonnes ;
Au lieu d'adresser aux Cieux
Matines et nones,
On les verra tous joyeux,
Danser, abjurer leurs vœux,
Galantes chacones.

On parle aussi d'un officier d'artillerie, nommé Sinetti, qui aurait prédit, en 1776, une prochaine révolution qui délivrerait le monde de la superstition et de la royauté.

On citait aussi les deux vers suivants :

L'échafaud n'est honteux que pour le criminel :
Quand l'innocent y monte, il devient un autel.

Un autre écrivain de la même époque disait :

« Si on abandonne le peuple de Paris à ses impressions, si on ne lui fait pas sentir qu'il est surveillé par l'infanterie, la cavalerie et le commissaire de police, il n'y aurait pas de limites à ses désordres. Délivrez le peuple des chaines auxquelles il est habitué, et il s'abandonnera à des violences d'autant plus cruelles qu'elles ne sauraient elles-mêmes où s'arrêter. »

.

On est bien obligé d'admettre qu'il y a eu plus d'un pressentiment de ce genre, dans Paris, au dix-huitième siècle. On trouverait certainement des impressions de craintes d'une catastrophe prochaine, si on voulait se donner la peine de les rechercher.

Ce serait aussi une erreur de croire qu'il n'y ait pas eu des signes précurseurs, des faits desquels on aurait pu déduire ce qui se préparait.

Quand l'inimitable Boz, dans le livre

où il décrit le Paris d'avant 89, nous parle des associations de gens du peuple réunis pour renverser la monarchie, il ne fait pas œuvre d'imagination. Tous les hommes qui jouèrent plus tard le rôle des Titans et des Géants, vivaient déjà en 1788 ; il y avait déjà de longues années que la police de Paris s'occupait des ennemis de l'autorité ; mais on les méprisait dans les ministères : ce sont des régions où l'on ne sait pas toujours écouter ; on y exagère les bruits et les mouvements populaires, ou bien on les y méprise et on n'y fait pas attention. Dans cette immense machine gouvernementale et administrative, la force acquise par l'habitude journalière est trop grande. Et puis, il est plus facile de changer les circulaires que de changer les principes : il est si nécessaire de ne pas froisser les petites rancunes, les petites considérations, les petites influences : on finit par ne plus regarder à côté de la machine et par ne plus voir ce qui grouille en dehors des rails. Les choses n'ont pas changé depuis 1789 : il ne devait pas y avoir en 1788 de vrais prophètes ; et, s'il y en avait eu, on ne les aurait pas écoutés.

*
* *

« Qui nous écoute, Seigneur? qui écoute nos prophéties? »

Cette douloureuse exclamation du prophète biblique résonne comme un dou-

loureux écho au-dessus de toutes les catastrophes du monde. Le rire de la
société du dix-huitième siècle l'a étouffé
en 1789. Et même, là où l'on entendait le
grignotement des souris s'attaquant aux
assises de l'État, on n'avait pas d'idée du
danger. On faisait soi-même ce qu'on
aurait dû empêcher d'autres de faire : on
entendait les souris, mais on restait au
milieu d'elles. Et, certes, jamais l'édifice
puissant de la monarchie française ne se
serait écroulé, si ceux qui en avaient la
garde n'y avaient pas mis la main. Les
hommes d'État français d'alors font penser à certains propriétaires qui ornent
et replâtrent leurs maisons, quand, depuis
longtemps, les fondations commencent
à fléchir.

Ce sont là des vérités qu'on aurait trouvées depuis longtemps, s'il y avait un peu moins d'historiens de la Révolution et un peu plus de philosophes de la Révolution, placés loin du courant révolutionnaire. Seulement, là aussi, il faudrait faire attention : il ne faudrait pas placer l'essence de la psychologie politique dans les étiquettes de parti; les étiquettes ne font rien : les conservateurs sont quelquefois plus près de leurs adversaires politiques que le nom qu'ils portent et les haines qu'ils nourrissent pourraient le faire croire.

« Les embarras financiers ont été la cause de la Révolution française » c'est là une soi-disant vérité historique qu'on a élevée à la hauteur d'un dogme. Mais cependant, il serait difficile de commettre une plus grande erreur; car l'énoncé même de cette phrase est un acte révolutionnaire. Des embarras financiers peuvent renverser un ministère, mais ne peuvent pas renverser une monarchie qui a un passé de mille ans et plus. Si les embarras financiers avaient été la cause unique de la Révolution, la Révolution aurait dû éclater à la mort de Louis XIV: la dette s'élevait alors à deux milliards; il y avait sept cent quatre-vingt-cinq millions de livres à payer immédiatement, deux années de revenus étaient mangées à l'avance, et, cependant, on aurait pu tout sauver avec de l'économie, si, pendant la Régence, l'on n'avait pas mené la bacchanale financière qui a fini par la banqueroute. Necker aurait été capable de sauver les finances sous Louis XVI, s'il n'avait pas rencontré sur sa route des obstacles portant en eux la Révolution même. Quand le clergé se plaignit de l'arrivée aux affaires du protestant Necker, Maurepas leur répondit en riant :

« Payez les dettes de l'État et je sacrifierai Necker ! »

Le clergé aurait pu payer les dettes de l'État, il n'aurait pas empêché la Révolution pour cela.

Et croit-on que ce sont les maîtresses du grand Louis XIV et de Louis XV qui ont amené la Révolution ? Est-ce que la Révolution est une œuvre de vertu ? Est-ce que les maîtresses n'appartenaient pas autant à la France qu'au Roy. Quand le peuple haïssait l'une ou l'autre des maîtresses royales, c'était bien plus à cause de la personne de la maîtresse qu'à cause du métier qu'elle faisait.

Quand Corneille fait dire à Cléopâtre à la mort de Pompée :

« Le divorce aujourd'hui si commun aux Romains. »

C'est des Parisiens qu'il veut parler.

Et n'est-ce pas l'âme de l'époque qui parle quand *Figaro* dit :

« Monsieur le comte trouve notre jeune femme aimable, il voudrait en faire sa maîtresse et c'est bien naturel ! »

Et les juges où les prendre ? Qui aurait pu juger la Royauté ?

Est-ce par hasard Voltaire, qui appelle la comtesse du Barry une « adorable Égérie » ?

Est-ce par hasard Talleyrand, qui disait de la même femme :

« Personne n'a été plus calomnié qu'elle. Louis XV était fatigué des grands talents et des grandes manières de madame de Pompadour et voulait, pour changer, encanailler la royauté. La pauvre folle de Jeanne était pour lui la vie, les habitudes, les mœurs d'une classe de gens dont il soupçonnait à peine l'existence. »

Ces juges n'étaient certainement pas des héros de vertu et l'aristocratie, dont

les mœurs étaient plus mauvaises encore
que celles des maîtresses, s'entendait encore pour les calomnier et pour salir encore la boue.

En Allemagne il y avait tout autant de
maîtresses et tout aussi peu d'indigna-
tion. Qu'y a-t-il de plus joli et de plus
caractéristique que l'exclamation de cette
brave bourgeoise qui assistait à l'entrée
d'un jeune couple royal et qui s'écrie :

« Ah! le bon prince! Il ne lui manque
plus maintenant qu'une jolie maîtresse
pour être heureux. »

Si Saint-Jean avait été le chef de la
Révolution de 1789, on aurait pu dire
qu'Hérodiade en avait été la cause ; mais
quand un héros de la valeur morale d'un
comte Honoré de Mirabeau est à la tête

d'un mouvement, il faut en chercher les motifs ailleurs que dans les indignations de la morale. Et cette recherche, quelque intéressante qu'elle puisse être, il ne faut pas la faire seulement au point de vue scientifique, mais aussi au point de vue de l'expérience sociale. Cette recherche a non seulement un intérêt historique, mais encore un intérêt d'actualité que nous ignorons nous-mêmes. Des mauvaises finances, des mauvaises mœurs ne sont que des conséquences ; ce sont les causes qu'il faut essayer de découvrir quand on veut étudier la chute de la monarchie.

CHAPITRE II

Louis XIV, encore jeune, éprouva pour Marie Mancini des sentiments dont il ne sut pas cacher la violence. Plus tard Madame Henriette, sa belle-sœur, essaya de le détourner d'une assez spirituelle façon de la voie dans laquelle il s'engageait. Elle chargea son confident, le marquis de Dangeau, d'indiquer aux deux grands poètes du temps, Corneille et Racine, un sujet de drame : l'amour de Titus pour Bérénice, la fille du roi Agrippa, et la grandeur d'âme avec laquelle l'empereur renonca à son amour. Les deux poètes travaillèrent avec ardeur à leur tragédie. Celle de Corneille fut jouée au Palais Royal, celle de Racine chez le duc de Bourgogne. Tout le succès alla à Racine, car Corneille avait écrit quelques phrases qui déplurent à Louis XIV, entre autres celle-ci prononcée par Titus :

Un monarque a souvent des lois à s'imposer
Et qui veut pouvoir tout ne doit pas tout oser.

Dans tous les cas le Roy de France se reconnut dans les deux empereurs romains qu'on lui montrait sur la scène.

Les rois de France ne voulaient pas être comparés aux rois de Rome qui précédaient Brutus. Avec ces rois, dont on ne pouvait prétendre que Rome les haïssait, Bérénice pouvait dire :

« Rome hait tous les rois et Bérénice est reine. »

Et Corneille pouvait dire dans Cinna :

Cette haine des rois que depuis cinq cents ans
Avec le premier lait sucent tous ses enfants,
Pour l'arracher du cœur est trop enracinée.

Mais les rois de France voulaient bien être des Césars : César était leur idéal. Le parti d'opposition s'appelait, sur la véritable scène politique, le parti des Pompéiens.

Si l'on voulait appuyer sur certains points, on arriverait à de singulières découvertes. Ainsi il est certain que *Cinna*, une des tragédies les plus remarquables de Corneille, donne des indications d'une grande importance sur la façon dont on comprenait à cette époque la science du gouvernement. On sait que la tragédie repose sur un complot ourdi par Cinna, neveu de Pompée, contre Auguste, et découvert par Senèque. Quand Auguste apprend ce qu'on machine contre lui, Auguste fait venir Cinna, lui prouve toute la folie du plan qu'il a formé et le traite avec bonté au lieu de le punir. Il a accueilli un ennemi, il a acquis un ami.

Corneille écrivit *Cinna* en 1639. A cette époque, le cardinal de Richelieu, protecteur du poète, et qui lui avait pour ainsi dire imposé le sujet de sa tragédie, avait mis tout son génie en œuvre pour arriver à placer le principe monarchique au-dessus de tous les partis et de tous les pouvoirs. Il y était arrivé après bien des luttes politiques qui étaient souvent devenues des guerres civiles.

Mais ce sont les principes de l'homme d'État français que Corneille exprime quand il fait dire à Cinna :

Seigneur, pour sauver Rome il faut qu'elle s'unisse
En la main d'un bon chef à qui tout obéisse :
Si vous aimez encor à la favoriser
Otez-lui les moyens de se plus diviser.

Et quand Cinna et Maxime, voulant cacher leur plan, font l'éloge du césarisme, ne font-ils pas l'éloge du gouvernement de Richelieu quand Cinna dit :

Rome a reçu des rois ses murs et sa naissance ;
Elle tient des consuls sa gloire et sa puissance.
Et reçoit maintenant de vos rares bontés
Le comble souverain de ses prospérités.
Pour vous, l'État n'est plus en pillage aux armées.
Les portes de Janus par vos mains sont fermées.
Ce que sous ses consuls on n'a vu qu'une fois,
Et qu'a fait voir comme eux le second de ses rois.

Et quand Cinna défend la monarchie
dans des vers superbes, n'est-ce pas Richelieu qui parle par sa bouche ?

Conservez-vous, Seigneur, en lui laissant un maitre
Sous qui son vrai bonheur commence de renaitre,
Et, pour mieux assurer le bien commun de tous,
Donnez un successeur qui soit digne de vous.

La célèbre exclamation :

Soyons amis, Cinna !

est un programme politique qu'on ne suit
que trop rarement, car les gouvernements
ne veulent pas comprendre qu'une paix
généreusement offerte à une opposition

3.

vaincue est la meilleure base d'une politique utile.

Quant à la prédiction finale de Livie, elle contient le plus beau programme de royauté idéale qui ait jamais été esquissé ; malheureusement il n'a jamais été mis à exécution :

Après cette action vous n'avez rien à craindre.
On portera le joug désormais sans se plaindre,
Et les plus indomptés, renversant leurs projets,
Mettront toute leur gloire à mourir vos sujets.
Aucun lâche dessein, aucune ingrate envie
N'attaquera le cours d'une si belle vie ;
Jamais plus d'assassins, ni de conspirateurs :
Vous avez trouvé l'art d'être maître des cœurs ;
Rome avec une joie et sensible et profonde
Se démet en vos mains de l'empire du monde ;
D'une si longue erreur pleinement affranchie

Elle n'a plus de vœux que pour la monarchie ;
Vous prépare déjà des temples, des autels,]
Et la postérité dans toutes les provinces
Donnera votre exemple aux plus généreux princes.

Auguste accepte la prédiction ; il dit même qu'Auguste a tout appris et veut tout oublier. Les faits donnèrent un cruel démenti à la prédiction, car Corneille était bien plutôt un poète de cour qu'un prophète.

* *

Ce qu'il y a de curieux, c'est que la monarchie, à laquelle on prédisait en 1639 l'immortalité, portait déjà en elle à cette époque le germe de ce qui devait la perdre. Richelieu créa l'absolutisme et fut un danger pour la monarchie. La force exclusivement matérielle est toujours l'ennemie de l'idéal.

Ranke fait observer qu'un des événements les plus importants de l'histoire du théâtre moderne est l'intérêt que Richelieu porta aux choses de la scène : on sait qu'il fit élever un théâtre dans son palais, qu'il donna des pensions à des poètes, qu'il se faisait lire leurs pièces et que les poètes en étaient arrivés à juger de la valeur de leurs œuvres par les louanges que leur cardinal leur distribuait.

Corneille poussait la modestie jusqu'à attribuer au cardinal les grandes idées

que son génie lui inspirait ; mais il n'en
est pas moins certain que le cardinal
s'intéressait vraiment au théâtre et alors
il nous vient une question toute naturelle : Pourquoi le prince de Bismarck
ne montre-t-il pas un pareil intérêt pour
les choses de théâtre ?

.·.

Il est probable que ce mépris est ins-
piré par la singulière place que les théâtres ont pris dans notre vie sociale.

Les théâtres d'à présent n'essayent
même plus d'avoir de l'influence sur le
peuple. C'est là, de nos jours, la soi-

disant mission de la presse. Le théâtre,
tout comme les autres branches des
sciences et des arts, est devenu une
affaire. L'idéal que le théâtre essaie d'at-
teindre n'est plus l'instruction du peuple,
mais le goût de l'abonné. La Muse du
théâtre ne cherche plus à instruire : elle
écoute et elle répète ce qu'elle entend
quand elle croit pouvoir en tirer les succès et les rires. Les vieux Romains di-
saient : *panem et circenses* ; les directeurs de théâtres ne demandent plus
que du *panem* et le peuple ne demande
plus que des *circenses* gais et des cou-
plets de café-concert.

On dit que l'on veut des drames classiques ; les directeurs vous répondent :
« Donnez-nous des publics classiques et

ce ne seront pas les drames classiques que nous lui refuserons. »

Et pourtant le luxe théâtral est plus grand que jamais ; les salles de théâtre sont superbes ; tout ce que l'on y voit a l'air d'être du marbre et de l'or ; les décors et le rideau sont des œuvres d'art ; les plus petits théâtres des plus petites villes sont aussi beaux que s'ils étaient destinés à des représentations classiques ; le pathos ne manque nulle part, même pas dans les coulisses et dans les costumes ; tout y est, excepté ce qui devrait y être, c'est-à-dire la Vérité.

La vie civilisée est impossible sans théâtre, quand le théâtre est en rapport avec la vie. Mais le théâtre moderne est fait par le public et non pour le public.

La nécessité du théâtre est toujours aussi grande, mais elle n'est pas comprise partout. En un mot ce n'est pas l'intelligence qui relie le théâtre à la vie, c'est l'industrie, la soif du gain et la recherche du plaisir.

⁂

Il en était de même en France à l'époque dont nous nous occupons. La monarchie que Corneille louait, d'après les instructions de Richelieu, n'était au fond que le césarisme romain; il était absolument nécessaire, non pas tant à cause de ses propres qualités qu'à cause des défauts d'autrui.

Cinna décrit admirablement les défauts qui rendirent le césarisme nécessaire à Rome.

Il dit de Rome :

Depuis qu'elle se voit la maîtresse du monde,
Depuis que la richesse entre ses murs abonde
Et que son sein, fécond en glorieux exploits,
Produit des citoyens plus puissants que des rois.
Envieux l'un de l'autre, ils mènent tout par brigues
Que leur ambition tourne en sanglantes ligues.
Ainsi la liberté ne peut plus être utile
Qu'à former les fureurs d'une guerre civile,
Lorsque, par un désordre à l'univers fatal,
L'un ne veut point de maître — et l'autre point d'égal.

La guerre civile était arrivée à son apogée : il fallait se procurer la paix à tout prix. Que faisaient à Rome toutes les richesses de l'univers si elle ne pouvait pas en jouir? Déjà César voulait élever un temple à la Concorde quand le poignard de Brutus détruisit l'union et n'arriva qu'à remplacer César, homme de génie, par Auguste et sa descendance. L'idée monarchique signifiait alors : fin des guerres civiles, fin des divisions, jouissance des biens acquis. On en était arrivé au moment où une épée est devenue nécessaire, une épée devant laquelle tout le monde tremble et qui protège tout le monde. Et on en était également arrivé là en France quand Napoléon III disait : « L'Empire c'est la paix » et quand on lui répondait à Paris par une plaisanterie absolument juste : « L'Empire, c'est l'épée. »

A Rome, l'épée du césarisme était le symbole de la tranquillité. Les descendants d'Auguste étaient loin d'être des génies. Aucun d'eux n'aurait pu se mesurer à ces géants qui se nommaient Marius et Sylla, Pompée et César, Brutus et Antoine. Mais peu importait le génie aux Romains. Ils ne voulaient plus de guerres civiles, fût-ce au prix du règne d'un Néron qui remplaçait la guerre civile par l'assassinat.

On en arrivait à adorer non seulement l'empereur, mais son ministre Séjan ; et Dion Cassius pouvait dire : « On n'aurait pas cru un dieu s'il était venu annoncer sa chute. »

On en arrivait à pleurer Néron parce
que sa mort signifiait la fin de la tranquillité.

Et pourtant il est incroyable que la
plupart des historiens qui se sont occupés
de l'histoire romaine sous les empereurs,
n'aient pas fait ressortir davantage que
malgré cet amour de la tranquillité, il ne
suffisait pas aux Romains que César fut
César uniquement par l'épée. La politique avait su donner aux Romains
la superstition des aïeux, de la naissance, de la mort : c'était par une légende dynastique qu'on faisait croire au
peuple que la branche de lauriers apportée
par un aigle à Livia avait été plantée et
fournissait les lauriers qui servaient au
triomphe des empereurs. Il est donc tout

naturel que Galba se crût obligé de faire remonter son arbre généalogique à Jupiter et à Pasiphaë, fille de Minos. Vitellius voulut aller plus loin et se donna comme aïeux Faunus et la déesse Vitellia.

C'est encore dans une légende que Vespasien trouva ses droits à la couronne impériale. Il était en Orient, en train d'assiéger Jérusalem, quand la guerre civile éclata. Des légendes qui, à cette époque, couraient la terre entière, voulaient que le maître du monde vînt de l'Orient. Vespasien s'attribua le bénéfice de cette légende qui était issue des paroles de Jésus-Christ. Il se prétendit l'empereur choisi par la divinité elle-même et ajouta que lui aussi avait guéri des paralytiques

et des aveugles. La dynastie des Flavien
passa vite, mais le césarisme romain n'en
garda pas moins le besoin d'appuyer sa
force sur quelque vaste mystification. Les
moyens employés étaient trop grossiers
pour pouvoir réussir, mais quand après
le règne de Dioclétien, quand après de
nouvelles guerres civiles, Constantin
s'empara de la couronne impériale, il
renouvela l'esprit monarchique en adop-
tant la croyance du christianisme.

CHAPITRE III

Personne n'a mieux compris la grandeur de la monarchie romano-chrétienne que le Dante dans la *Divine Comédie*. Si l'on savait davantage que ce grand poète était aussi un homme politique de premier ordre, on s'en étonnerait moins. Cependant il y a bien des choses à redire à sa façon de voir. Il appuie trop sur le côté romain du principe impérial. Les Césars romains sont trop exclusivement à ses yeux les modèles de la monarchie, et, dans sa façon chrétienne de voir les choses, il attache plus d'importance à l'unité qu'à la liberté et au nom des principes de la religion, il fait souffrir les païens et les hérétiques dans son *Enfer*.

Parmi les bêtes qu'il rencontre, il n'en est point qui lui paraisse plus répugnante que ce lion qui représente à ses yeux le royaume de France, alors gouverné par l'impitoyable Philippe le Bel. Il voit dans ce développement de la monarchie française le plus grand des dangers qui menaçaient son idéal impérial. Le lion, voilà l'ennemi! C'est lui que le César romain combat. Mais Dante n'a pas compris qu'il n'y a pas de monarchie en Europe qui ait plus que la monarchie française suivi l'idéal gouvernemental de Constantin.

.·.

C'est en cela que les rois des Francs ont montré leur sagesse politique. Ils comprirent que la suprématie des Francs sur cette Gaule si grande, si peuplée, si civilisée, ne pouvait s'établir que si le roi Clovis et ses successeurs étaient reconnus comme rois chrétiens et comme oints du Seigneur. C'est aussi ces noms-là qu'ils prirent officiellement. Le roi de France n'était pas seulement roi très chrétien, mais il était aussi le roi des rois : à son couronnement on ouvrait des cages, on laissait échapper des quantités d'oiseaux

pour qu'ils aillent porter la nouvelle d
son avènement aux quatre coins de l
terre. Il était oint avec une huile qui ve
nait du ciel. et ce ne fut que pendant l
Révolution qu'on brisa le flacon dans le
quel on conservait, dans la cathédrale d
Reims, l'huile sainte. Seul, il avait l
même droit que les prêtres : celui d
communier sous les deux formes. Ro
héréditaire, il avait le pouvoir de guéri
des maux héréditaires : les écrouelles. I
est vrai que ces prérogatives impliquaien
plus de devoirs à remplir que de droits
le roi de France avait comme signe de s
puissance le glaive, mais l'huile divine
lui apprenait de quelle façon il devai
s'en servir.

Pierre de Blois disait au douzième

siècle : « Le Roy est saint et l'oint du Seigneur, et ce n'est pas pour rien qu'il a reçu le sacrement des saintes huiles. » De cette façon le roi était obligé d'imiter les vertus du Christ. Les premiers rois de la maison capétienne le comprirent et agirent en conséquence, car les premiers Capétiens avaient besoin de justifier par des symboles chrétiens la façon dont ils avaient usurpé le trône des Francs. Aussi le biographe du roi Robert l'appelle-t-il : « Un Roi Prêtre ; comme il n'y en avait pas eu depuis David, l'oint du Seigneur. » Suivant l'exemple du Christ, il lavait les pieds des prêtres ; il leur donnait de sa propre main du pain, des poissons et de l'argent. Il avait toujours chez lui douze pauvres qu'il aimait particulièrement. Il leur donnait, ajoute son biographe, toutes les consolations dont les hommes ont besoin.

*
* *

De Louis IX on pouvait dire qu'il méritait complètement le nom de saint selon la signification qu'on lui donnait alors. Il ne s'agissait pas seulement de l'ascétisme extérieur et de coutumes spéciales : par exemple, de la flagellation avec les petites chaînes de fer qu'il portait toujours dans une boîte, ou l'habitude qu'il avait de porter une haire sur le corps pendant une partie de l'année ; mais il s'agissait surtout de la façon dont

il suivait les lois de la pureté et de la
vérité. Il ne disait jamais du mal d'autrui ; il tenait les promesses qu'il faisait,
fût-ce aux Sarrasins et aux mécréants ;
on ne l'entendit jamais jurer, maudire ou
parler légèrement de qui que ce soit. Il
était roi des pieds à la tête, et cependant
il était simple. Sa charité était grande ; il
donnait tous les jours du pain, de la
viande et du vin à cent-vingt pauvres. Il
était énergique et juste ; il subordonnait
ses propres intérêts à ceux de la justice.
Il faisait tous ses efforts pour assurer le
bien-être de ses sujets ; il était infati-
gable dans les recherches qu'il était obligé
de faire pour trouver de bons serviteurs
de la royauté. Il ne spéculait pas sur les
faiblesses de l'humanité ; il ne croyait

pas nécessaire de compter sur les dissen-
timents des autres pour faire de la bonne
politique, et le succès ne l'abandonna
jamais.

Guillaume de Chartres disait de lui :
« Les méchants et les bons ne compre-
naient pas comment un roi pouvait gou-
verner un grand Empire aussi paci-
fiquement sans haine et sans sévérité : c'est que son gouvernement était
basé non sur la force, mais d'un côté
sur la douceur et la vertu du roi, et d'un
autre côté sur la fidélité d'un peuple
qui craignait Dieu, et qui, à l'encontre
des autres peuples, se distinguait par
un amour inné pour son maître légi-
time. »

*
* *

Mais si la faculté de guérir les écrouelles était héréditaire, les vertus de Louis IX
ne l'étaient pas. Ses successeurs s'occu-
paient plus du pouvoir royal que des
devoirs royaux. Il leur manquait la faculté de comprendre la différence qui
existe entre la monarchie chrétienne et
le césarisme chrétien. Il n'y a pas un
empereur romain auquel on puisse reprocher les violences dont Philippe le Bel
se rendit coupable. Il n'y a pas un seul
d'entre eux qui ait fait exécuter des prêtres, qui ait fait brûler des couvents,
qui ait fait piller les juifs, et pour-

tant Philippe le Bel avait tout autant
de droits que Louis IX à l'huile sainte
et au symbole de la royauté. Mais
quand le Dante lui donne le nom de
Pilate, il est loin de lui donner le nom
qu'il méritait. Il n'y avait pas de prophète à cette époque qui eût le pouvoir de parler au roi, et pas de philosophe
qui ait compris la nécessité du nouveau
principe monarchique.

**

Commines avait raison de dire « que ce
n'était pas seulement en France que l'on
faisait la guerre pour obtenir des hon-

neurs et des dignités, que ce n'était pas
seulement en France que les gens se
tuaient pendant les hostilités ». Partout
la force primait le droit et le devoir; partout on se vêtissait de la pourpre royale,
partout on s'ornait des bijoux royaux,
presque partout on disait qu'on pouvait
guérir les malades mais nulle part on ne
comprenait qu'en politique, il y a une
certaine dose d'homœopathie. Il est vrai
qu'en médecine, le poison du médecin,
détruit le poison de la maladie, tandis
qu'en politique l'emploi de la force détruit
les forces du pays. La mauvaise administration, le mauvais emploi de la force ne
guérit pas, mais amène des catastrophes.

Comme on est loin encore de comprendre clairement la monarchie comme

elle aurait dû se développer après Constantin le Grand!

*
* *

Hugo Grotius a dit cette phrase remarquable, « que les rois en dehors des devoirs qu'ils ont envers leur propre peuple ont aussi des devoirs à remplir envers la société en général. » On ne peut expliquer cet axiome que d'une seule façon, c'est que le roi, en comprenant bien les devoirs qui lui incombent, fait comprendre à l'humanité le bonheur qu'elle peut trouver par la monarchie, car la royauté ne doit pas être uniquement le bras qui tient le glaive et qui fait peur, ce n'est pas Mars qui doit servir de modèle au roi, mais Minerve : elle aussi est guerrière, elle aussi porte un bouclier, mais elle est aussi la Sagesse et l'Art : elle n'est pas seulement le bras qui agit, mais la tête qui pense.

Le roi est plus qu'un général : il n'est pas seulement un collecteur suprême d'impôts, il n'est pas seulement le couronnement d'une colonne, mais il est la tête vivante du peuple. Il fait partie de l'État, non d'une façon artificielle mais d'une façon naturelle. Son intérêt propre est l'intérêt de l'État : Lui est l'intérêt du peuple. De même que la tête pense pour tout le corps, de même toutes les pensées, toute la sollicitude du roi sont pour le peuple. Tous les membres du corps sont également nécessaires : les membres ont différentes fonctions qui ont l'air d'être plus ou moins importantes, mais ils n'agissent pas l'un contre l'autre, même quand ils ont des missions différentes. Dans un État il y a différentes carrières, il y a différents pouvoirs, il y a différentes parties, il y a différentes opinions, mais tout cet ensemble forme ce qu'on appelle un État avec une seule et même tête. L'orteil est dans le corps ce qu'il y a de plus éloigné de la tête, et pourtant il reçoit de la tête la mission de marcher et la tête ressent la douleur qu'il éprouve. La tête ne vit que dans l'intérêt du corps et Vattel a raison de dire que « la flatterie, à moins de se rendre ridicule ou haïssable, est obligée de dire que le souverain n'est là que pour penser au bien et aux avantages de l'État : un bon Prince, un sage pasteur de peuple doit être rempli de cette grande vérité, à savoir que le pouvoir suprême ne lui a été confié que pour le bien de l'État et le bonheur du peuple. Il ne lui est pas permis de chercher son avantage dans l'administration publique. de penser à sa tranquillité. Tout ce qu'il pense et tout ce qu'il fait ne doit avoir qu'un but : le bien de l'État et du peuple qui lui sont soumis ».

Il n'y a qu'une chose à reprendre à cette observation : c'est qu'on y considère un peu trop le roi comme un simple employé de l'État. Le roi est plus que le premier serviteur de l'État, comme Frédéric le Grand se nommait avec tant de modestie : la tête n'est pas seulement le serviteur de l'homme, mais elle est aussi sa beauté; la royauté est l'ornement, l'honneur de l'État.

Il n'y a que ce qui est nécessaire, qui soit véritablement beau. De même que la beauté et le parfum de la rose sont inséparables l'un de l'autre, de même la beauté et la nécessité de la royauté ne font qu'un. La tyrannie peut au besoin être une nécessité, tandis que la royauté vient naturellement pour le bien du peuple. Par la royauté seule naît cet amour du peuple pour le roi, amour qui n'est pas une phrase, mais le ciment qui relie les différentes parties d'un peuple. C'est l'amour du peuple pour la représentation de l'État, qui s'incorpore pour lui dans le roi, et c'est pour cela que

la plus belle des Républiques est un corps
sans tête et sans cœur. Les peuples qui
vivent en république ne voient pas leur
idéal prendre corps: les pétitions et les sup-
pliques qu'on envoie à un roi sont peut-être
ennuyeuses pour le roi qui les reçoit, mais
chacune d'elles exprime un espoir qu'un
roi seul peut réaliser. Cette histoire du
moyen âge dans laquelle un petit serpent
se suspend à la cloche que le roi avait fait
établir pour ceux qui avaient besoin de
lui est une allégorie touchante. Dans les
États-Unis d'Amérique, on a fait beaucoup de choses grandes: il y a des milliers
de gens qui sont bons et bienfaisants, mais
entre le président qui habite Washington,
et le peuple, il n'y a aucun autre lien que
les dollars et les bulletins de vote.

.·.

Quand Montesquieu, parlant de la chute de Tarquin le Superbe, dit : « Le peuple se souvint un moment qu'il était législateur et Tarquin ne fut plus », Montesquieu fait une belle phrase, qui ne signifie rien. Le peuple n'était pas législateur, et ce qu'il y a de vrai dans toute la fable des rois romains, c'est que les familles de l'aristocratie romaine prirent le pouvoir après avoir chassé Tarquin. C'est là un événement que l'on revit en Italie plus d'une fois au cours du moyen-âge, quand l'un des partis d'une ville en

chassait l'autre. Ce sont ces familles qui
gouvernèrent Rome pendant la soi-disant
République et qui conquirent le monde,
mais ce furent aussi ces mêmes familles
qui fondèrent une tyrannie qui est
restée unique dans l'histoire du monde.
Le type de ces républicains était Caton,
qui dit dans une de ses lettres sur
l'agriculture « qu'il ne faut pas s'embar-
rasser des vieux bœufs, des vieilles voi-
tures, des vieux outils et des esclaves
vieux ou malades. » Ce sont là ces
républicains dont Plutarque a dit « qu'ils
ne connaissent pas d'autres rapports
d'homme à homme que celui qui leur est
dicté par leur intérêt. » Et l'esclavage
dura en toute sa cruauté, et l'esclavage
affaiblit l'Empire jusqu'à ce qu'il fût ba-

layé avec tout le reste par la marée du
christianisme triomphant.

.·.

Du reste, c'est dans les différences qui
existent entre la Royauté et la République
que l'on voit le double courant des idées
humaines. Dans la forme républicaine,
on retrouve la platitude du principe ma-
tériel, tandis que dans la forme monarchique, on retrouve un devoir idéal que
chacun doit remplir. Ce n'est pas par un
effet du hasard que la vie publique de la
République romaine était remplie de superstitions, que le vol d'un oiseau et le
cri d'un coq y jouaient un rôle : c'était la

volonté des dieux qui apparaissait dans les lois. Mais ce n'est pas non plus un effet du hasard que dans les monarchies les plus belles, la paix et l'ordre disparaissent quand le sentiment du devoir s'abaisse.

Talleyrand raconte que Mirabeau avait préparé lui-même sa chute par ses discours contre la République. Si c'était là la vérité, on pourrait trouver sa mort véritablement tragique. Mirabeau, qui avait cherché à détruire la monarchie, était devenu son défenseur ; mais si son talent avait aidé à la renverser, ses mœurs l'empêchaient de la défendre. Car c'est une des plus grosses erreurs des temps modernes que de croire que l'honneur personnel n'a rien à voir dans l'art du gouvernement et de la politique, de considérer la connaissance des lois et l'art de les bien appliquer comme les seuls instruments du gouvernement. Les hommes immoraux peuvent arriver, à force de protection, à devenir des bons employés bien payés, et cependant ils finissent par gâter l'emploi qu'ils occupent. Et ce qu'Aristophane fait dire au Chœur dans *Les Nuages* est, sans doute aucun, toujours vrai : « La décadence des bonnes mœurs domestiques finit par avoir de l'influence en temps de guerre comme en temps de paix. »

*
* *

Vattel, après avoir dit dans le *Droit des gens*, « le souverain n'use de la puissance publique qu'en vue du bien public », ajoute avec beaucoup de raison : « Depuis un certain temps, de coupables flatteurs ont essayé de faire oublier ces maximes à la plupart des rois. Quelques courtisans sans honneur arrivent à faire croire sans peine à un monarque plein de fierté que c'est la nation qui est faite pour lui et non lui qui est fait pour la nation. Il finit par considérer le royaume comme un héritage qui lui appartient, le peuple comme un troupeau qu'il faut tondre et dont il peut disposer à sa guise pour défendre ses opinions et satisfaire ses passions. Il se croit alors le droit d'entreprendre de longues guerres par orgueil,

5.

par ennui, par haine, par vanité. Il se croit le droit de prélever ces impôts écrasants qui sont jetés au vent dans un luxe ruineux et dont les produits sont distribués à des maîtresses ou à des favoris. »

Le livre dans lequel Vattel disait ces admirables vérités parut à Leyde en 1758, pendant que Louis XV régnait sur la France.

*
* *

Mais la catastrophe qui renversa la monarchie trente ans plus tard n'était pas seulement causée par les maîtresses et les courtisans qui n'étaient que les vers s'attaquant à un fruit pourri, mais elle provenait aussi de l'unité césarienne que la politique royale avait donnée à la France depuis Louis XI.

C'est ce roi qui disait que sous son règne la royauté était sortie de tutelle pour monter sur le trône ; mais par quelles cruautés était-il arrivé à ce résultat? Il avait brisé violemment toute opposition: il avait détruit la féodalité ; les réunions des États-Généraux et des notables avaient perdu toute importance. Il avait, il est vrai, donné à la France l'unité, mais les plus grands avaient fait la connaissance de ses cachots et, quelques jours avant la mort du Roi, le duc de Nemours avait fait connaissance avec l'échafaud.

Commines décrit les horribles chaînes et les atroces instruments de supplice qu'il fit faire. Le peuple des campagnes était si malheureux que, dans certaines parties de la France, les paysans s'attelaient eux-mêmes à la charrue. De quel poids pèse en face d'une constatation pareille la réputation d'avoir été le plus intelligent des rois ? Il avait été un des premiers souverains d'Europe qui ait su se servir de l'aphorisme de Machiavel : « Un prince intelligent ne tient pas ses promesses quand elles se tournent contre ses intérêts. » On raconte de lui qu'il ôtait son chapeau auquel pendaient des médailles de sainteté, chaque fois qu'il allait commettre une imposture. Quand il sentit la mort venir il fut pris d'une véritable terreur « et, dit Commines, il considérait la mort comme un châtiment pour les péchés qu'il avait commis. » On aurait compris cette peur de la part d'un Hérode mourant, mais le roy très chrétien aurait dû mourir autrement.

Son contemporain, François d'Aragon, ne valait pas plus que lui. Il y avait entre lui et Louis XII, que les flatteurs avaient surnommé le Père du Peuple, une véritable lutte de perfidie. On raconte que Ferdinand répondit un jour à un ambassadeur qui venait lui apporter les plaintes de Louis XII qui croyait avoir été trompé trois fois : « Il en a menti, l'ivrogne, je l'ai trompé plus de dix. »

François Ier, roi de France, au moment de la signature de la paix qu'il avait conclue avec Charles-Quint, pour obtenir sa liberté, jura solennellement, la main sur les Saintes Evangiles, de respecter ce traité. Et, au même moment il avait signé la protestation solennelle, par laquelle il refusait de reconnaître la validité de ce même traité ! Le roi et l'empereur avaient pourtant juré ensemble, sur le crucifix, et l'histoire nous a conservé les paroles qu'ils échangèrent à cette occasion. L'empereur dit :

« Pensez à ce que vous m'avez promis. »

Le roi répondit :

« Rien, dans mon royaume, ne pourra m'empêcher de tenir ma promesse. »

Et l'empereur de répondre :

« Si vous voulez me tromper, ne trompez pas au moins ma sœur, votre fiancée, qui elle ne pourrait pas se venger. »

Et pourtant, que fit François Ier ? A peine en liberté, il nia tout, ne respecta pas la parole qu'il avait donnée, et oublia même les promesses que le Roy-chevalier avait faites à la sœur de l'empereur.

Ce que Pisistrate et Polycrate n'avaient pas osé faire, le roy très chrétien le faisait. Tromper et oublier la parole donnée, cela n'a rien à faire avec les saintes huiles !

*
* *

Brantôme raconte qu'après la Saint-Barthélemy, Charles IX aurait dit : « N'ai-je pas bien joué mon jeu, n'ai-je pas bien caché mes vrais sentiments, n'avais-je pas bien compris les leçons de mon ancêtre Louis XI ? »

Il est en effet parfaitement certain que la lutte contre les Huguenots est la suite de la politique de Louis XI. Louis XI avait employé impitoyablement tous les moyens, même la hache et le cachot pour écarter les obstacles et pour augmenter la force de la royauté. C'est la même politique qu'on a suivie à l'égard des Huguenots.

En Espagne l'inquisition était, elle aussi, un moyen politique dont le pouvoir royal se servait pour abattre toute opposi-

tion : les Huguenots étaient, de par la
Réforme même, les représentants de la
liberté. En se débarrassant de leurs
chefs la royauté croyait remporter une
victoire. Charles IX trouvait en eux des
adversaires de l'absolutisme, absolument comme Louis XI avait rencontré un
ennemi dans la personne de Charles le
Téméraire. Louis XI fut débarrassé de
son ennemi par la légèreté avec laquelle le duc de Bourgogne fit la
guerre dans laquelle il trouva la mort.
Charles IX voulut se débarrasser de
l'amiral Coligny par l'assassinat. La
Saint-Barthélemy du 24 août 1572
est une bataille livrée par l'absolutisme,
ce qui n'a pas empêché qu'on ait toujours prétendu que la politique fran-

caise avait remporté une victoire dans
cette sinistre nuit. C'était un 24 août
que Charles d'Anjou fit périr Conra-
din, le dernier des Hohenstaufen ; ce
fut un 24 août qu'Henri VII de Luxembourg mourut en Italie, et ce fut dans la
nuit de la Saint-Barthélemy, dans la
nuit du 23 ou 24 août, qu'eurent lieu à
Paris les massacres par lesquels on voulait briser la dernière opposition à la
royauté. En dire davantage ici, ce serait
vouloir obscurcir par trop de détails l'idée
générale qui est développée dans ces
pages. Il doit suffire de dire que le règne
de Charles IX fut le règne du bon vouloir, de la tyrannie et de la vengeance.

Il est naturel que Catherine de Médicis, dans une vision de l'avenir de la France, ait vu des bêtes sauvages qui s'entredé-voraient. Elle avait, par la politique qu'elle avait suivie, tout fait pour faire naître ces monstres, et on peut vraiment parler de la justice divine, quand on voit ce qui s'est passé en France, depuis la nuit de la Saint-Barthélemy jusqu'aux massacres de septembre 1792 : car tout ce qui s'est passé découle nécessairement, historiquement des abus auxquels ont donné naissance les idées indignes et les devoirs mal compris des rois.

Pour comprendre ce que certains faits peuvent amener de désordres dans l'his-toire d'un peuple, il faut lire, d'après leurs récits, les horreurs commises par les

rois et les reines de France, lire les
scènes de la Terreur, le martyre de Marie
Antoinette et de Louis XVI.

*
* *

On se rappelle ce que Marguerite de
Valois, reine de Navarre, raconte dans
ses mémoires, avec quelle peine elle
sauva un gentilhomme poursuivi jusque
dans sa chambre à coucher, avec quelle
horreur elle entendit à trois pas d'elle,
dans l'antichambre de sa sœur, égorger un
autre gentilhomme. « Je tombai presque
évanouie dans les bras de M. de Nancey
et il me sembla que ce coup d'épée nous
perçait tous les deux. » Un écrivain ca-

tholique (1) raconte : » Les meurtriers ne prenaient plus pitié de personne, ils en étaient incapables. Brion, gouverneur du prince de Conti, un vieillard de quatre-vingts ans, se voyant poursuivi, prit son élève dans ses bras pour s'en faire un bouclier et fut égorgé malgré les prières du petit prince, qui suppliait, à mains jointes, les assassins de faire grâce. A la fin de la nuit il n'y eut pas de cruauté qui ne fût commise, on vit des enfants de dix ans égorger des enfants au berceau. »

En 1572, le roi se servit du fanatisme contre son peuple, en 1793 la Révolution se servit du fanatisme contre le roi.

(1) G. von. Polenz. *Histoire du calvinisme français* Gotha, 1859. 2, page, 496.

Huit jours après la nuit sanglante
Charles IX fit appeler au milieu de l
nuit son beau-frère Henri le Béarnais
il avait été réveillé par des bruits mys
térieux, il avait cru entendre dans l
lointain des cris, des sanglots, des juron
comme pendant la nuit du meurtre. Le
bruits avaient été tellement distincts qu
le roi avait envoyé des officiers par l
ville, pour savoir ce qui se passait. Le
officiers revinrent; tout était tranquille
C'étaient les bruits de l'avenir que l
roi avait entendus dans une hallucina
tion.

Mais les mourants avaient, eux aussi
eu de pareils pressentiments : le noble e
courageux de Piles, poursuivi par un
bande d'assassins, leur fit face et levan

les bras au ciel avant de mourir s'écria :
« Dieu grand, prends la cause des oppri-
més dans ta main, et venge un jour en
juge vengeur les victimes de cette tra-
hison et de cette cruauté. »

Et on peut dire avec certitude que
sans les guerres de religion, il n'y aurait
pas eu de Révolution.

On avait fermé toutes les soupapes ;
l'explosion se fit plus tard et détruisit tout.

*
* *

Henri IV ne savait pas ce qu'il faisait
quand il crut qu e Paris valait plus qu'une
messe, et qu'il se fit catholique. Ce n'est
pas par un effet du hasard que le calvi-

nisme prit peu à peu en France une forme
démocratique. Ceux des chefs qui appartenaient à l'aristocratie calviniste avaient
été tués, c'est pourquoi les puissances
européennes laissèrent Catherine de Médicis agir à sa guise : ils croyaient que le
mouvement avait été abattu en même
temps que ses chefs, ils ne croyaient plus
à la Réforme, mais le calvinisme existait
toujours, et Richelieu eut beau raser les
derniers retranchements des Huguenots,
Louis XIII eut beau entrer solennellement dans la Rochelle comme dans une
capitale ennemie, l'esprit calviniste n'en
existait pas moins. Le sentiment de l'op-
pression, la crainte de la force persista
dans le peuple ; il s'habitua d'abord, d'une
façon presque secrète, à se plaindre de

ceux qui le gouvernaient. Le calvinisme se mêla à l'esprit libéral, il se fondit dans le mouvement d'opinion anti-royaliste qui sortit de la littérature du dix-septième et dix-huitièmes siècle, Richelieu a donné une force incroyable à la royauté, mais il a déchaîné contre la royauté l'esprit humain, le libre arbitre que l'on ne pourra jamais plus comprimer.

Quand on y réfléchit, on trouve que ce ne fut pas Corneille que Richelieu inspira, mais Voltaire, cet ennemi des rois qui sut si bien les flatter.

*
* *

Richelieu a été le mauvais génie de la monarchie française : il a brisé toutes les factions, c'est vrai, mais il enleva à la monarchie tous ses appuis : il prit aux États-Généraux le droit de sanction : il n'y avait plus que le roi qui avait le droit de juger! Et Ranke a dit très justement : « Il considéra l'idée de la puissance royale comme un dogme religieux : quiconque ne le reconnaissait pas était traité avec la même sévérité, puni dans les mêmes formes qu'un hérétique. » Mais c'est justement cela qui amena la catastrophe. La royauté doit se faire respecter, c'est vrai, mais à force d'amour et non à force de sévérité. Un roi doit être plus qu'un procureur et qu'un inquisiteur. Richelieu décréta que le roi était infaillible, puis fit décréter son infaillibilité à lui par le roi lui-même.

Quiconque ne croyait pas à ces principes était ennemi du roi, et cependant le tout-puissant c'était le ministre, le ministre seul.

Le cardinal était l'incarnation de la royauté. Toute l'opposition du pays, l'opposition ouverte aussi bien que l'opposition cachée, était dirigée contre sa personne, et il était obligé de se défendre lui-même au nom des priviléges de la monarchie absolue. Ceci est dans la nature de tous les ministres absolus. Il poursuivait ses envieux et ses adversaires au lieu de les traiter par la grandeur et la douceur. L'amabilité qu'il savait employer quand il le fallait lui servait à augmenter la peur qu'il inspirait. Tous ceux qu'il faisait disparaître ou tuer,

tous ceux qu'il faisait emprisonner dans
la Bastille ou exiler semblaient être les
ennemis du roi; mais c'étaient les me-
sures qu'il prenait, lui, le ministre, qui
faisaient de ces gens-là des ennemis du
roi, et c'était par le cardinal que nais-
sait la haine dont on poursuivait la
royauté.

On en vint à un tel point que Gramond
en arrivait à reprocher à Henri IV d'avoir
eu plusieurs conseillers ? «Car, disait-il.
il vaut mieux n'en avoir qu'un qui soit su-
périeur à tous les autres par la sagesse et
la fidélité ; de plus, quand on a plusieurs
conseillers, les secrets de la politique
sont plus facilement trahis. »

Il arrive parfois dans l'histoire que le
successeur du fondateur d'un État ait au-

tant de force que lui et sache comme lui prendre en mains les rênes du gouvernement. Mais c'est là chose fort rare et l'absolutisme ne se serait peut-être jamais fondé en France si le successeur de Richelieu n'avait pas été le cardinal Mazarin qui croyait comme lui au droit divin de la force, et qui chercha comme lui à établir la monarchie absolue. Il n'y eut qu'une différence entre eux : Richelieu employa l'échafaud, Mazarin employa la ruse.

*\
* *

Pour se faire une idée des flatteries qu'on employait en parlant au roi, voici le commencement de la dédicace d'une histoire de Louis XIII. Elle est dédiée par Gramond à Louis XIV. « Depuis la mort de ton père et dès le commencement de ton règne, on a adoré ta Majesté comme les Persans adorent le soleil. On a reconnu dans l'enfant le Roy, dans le Roy le Dieu, car tu nous a été donné par Dieu lui-même. »

Et le roi finissait par croire ces flatteries! Quand il a dit : « l'État, c'est moi », il le croyait. Mais il représentait seulement le luxe et la fierté de l'État. Il représentait l'arrogance, la guerre et les conquêtes. Il faudrait écrire tout un livre pour faire comprendre la disproportion qui existait entre les devoirs qu'il avait à remplir et la façon dont il les remplissait.

ses royales exigences ne lui permettaient pas de voir ce qui se passait dans le cœur de ses sujets. Il marchait sur toutes les têtes, sans distinction de partis, sans voir où étaient ses amis et ses ennemis. Il révoqua l'Édit de Nantes : on devait tout faire comme le Roy, même ses prières. Mais plus il devenait absolu, moins il était vraiment roi. Les liens qui le reliaient au peuple se déchiraient de plus en plus. Les milliers de gens qu'il avait condamnés au catholicisme forcé devinrent un noyau d'opposition. La tyrannie éloigna du trône la masse du peuple. La royauté vivait seule, appuyée sur les baïonnettes de l'armée. En des milliers de chaumières aussi bien que dans des centaines de châteaux, on mau-

dissait le Roy ; on aurait eu grand'peine à
treuver des endroits où on le louait et l'aimait encore. Le mouvement jansénis[te]
peut être considéré comme une suite d[e]
luttes contre les protestants. On ne faisait plus la guerre, on ne versait plus d[e]
sang, mais on poursuivait et on arrêta[it]
encore.

Un écrivain du temps disait : « Si c[es]
désordres se prolongent, ils peuvent fin[ir]
par être dangereux, car les meneurs o[nt]
beau être arrêtés, le feu couve toujou[rs]
sous la cendre, on s'en aperçoit tous l[es]
jours. Le quart du pays, pour ne pas di[re]
le tiers, a épousé la cause du jansé[-]
nisme. »

On a compté que sous le cardinal de
Fleury on arrêta encore plus de trente
mille personnes.

.˙.

Et lorsqu'on accuse les écrivains, les
philosophes et les francs-maçons d'être
la cause de la la Révolution, on commet
une erreur profonde : c'est absolument
comme si on considérait le cri que la
douleur fait pousser à un malade, comme
la maladie elle-même.

La littérature du dix-huitième siècle,
qu'on la nomme philosophique, révolutionnaire ou athée, a été le cri de douleur poussé contre l'absolutisme par un

peuple qui étouffait. On traitait tous les
rois de Césars ; c'est une erreur : car ce
n'est pas la royauté de Louis IX qui
avait été la cause de la Révolution, c'est
le césarisme de Louis XI et de Louis XIV.

⁎⁎⁎

Déjà à cette époque, le ministère des
finances était le plus important des dé-
partements ministériels. Le gouvernement n'avait qu'un seul souci : augmenter les recettes et les impôts. Le
peuple étouffait, peu importait. Le gouvernement n'avait pas à se montrer cha-
ritable, mais fort. On ne donnait rien au
peuple, on voulait seulement lui prendre

ce qu'on pouvait tirer de lui. On considérait le peuple comme un champ qui avait toujours à donner des récoltes et à fournir des fruits. On était même capable de traiter ce champ d'une façon rationnelle.

*
* *

Et la France n'avait pas d'alliés ; elle était seule pour répondre aux coups qu'on lui portait. C'est que le césarisme ne peut pas avoir d'alliés véritables : on ne s'allie à lui que lorsqu'on espère tirer un avantage de sa force.

*
* *

L'Église était l'alliée de l'État contre
toutes les manifestations de l'esprit libéral. La théorie janséniste de la grâce ne
trouva pas grâce devant elle; mais elle ne
fut jamais un appui pour l'État; car sa force
ressemblait trop à la force de la monarchie. Les églises et les abbayes pesaient
autant au pauvre monde que les privilèges et les dîmes du roy. L'Église était
superbe, éclatante et magnifique : elle
avait des ordres, des communautés et des
cloîtres tant qu'on en voulait. Elle comp-
tait parmi ses membres des hommes et
des femmes qui faisaient tous leurs devoirs; mais, au fond, elle ne représentait
que la force et le césarisme des Papes.
L'Église possédait des biens, elle gouver-
nait, elle dirigeait, mais elle avait perdu

l'esprit chrétien et apostolique. Le peuple
était ébloui, il n'était pas convaincu ;
car, lorsque la religion n'est plus qu'une
chose de luxe, elle a perdu toute sa force.
On chantait déjà, sous Richelieu :

> Jésus, venant de pauvre lieu,
> Nous apporta la paix en terre :
> S'il fût venu de riche lieu,
> Il nous eût apporté la guerre.

Rien ne nuit plus à l'Église que le sentiment de sa force. Quand on se sent au-
dessus du peuple, on ne se donne plus la
peine de conquérir son cœur. L'Église se
croyait si sûre de son pouvoir qu'elle
croyait n'avoir qu'à respecter les formes :

mais la frivolité et l'esprit de raillerie pénétrèrent dans l'Église et finirent par tout détruire. On ne croit jamais aussi peu que sous le règne des souverains dévots.

Il serait facile de prouver ce dire par de nombreux souvenirs, mais il suffit de citer une épigramme fort connue :

Le matin catholique et le soir idolâtre,
Il dîne de l'autel et soupe du théâtre.

Mais ce qu'il y avait de plus terrible, c'est que la puissance de cette Église ne reposait que sur la puissance de l'État. Pour punir et pour acquérir, (et que ne punissait-elle pas ! que n'acquérait-elle pas?) elle n'avait qu'à implorer le secours de l'État.

On pourrait croire que l'État ne trouvât, d'aucun côté, plus d'aide contre la Révolution que du côté de l'Église; on croyait que le peuple l'aimait : elle se vantait de commander aux cœurs des foules : elle avait pour elle la foi et la superstition, et cependant elle ne fut d'aucun secours. La puissance qu'elle avait acquise l'avait éloignée du cœur du peuple : elle était haïe et méprisée, et l'Église française n'a pu laver les taches qui la couvraient alors que dans le sang des rois qu'elle n'avait pas pu secourir.

Quand, avant 1789, on raconta que le

roi voulait imposer les biens de l'Église.
on prétendit que Turgot et Malesherbes
avaient fait de Louis XVI un homme libéral, presque un ennemi de l'Église.
Voilà où on en était arrivé.

* *

L'ornement de l'ancienne France était
les châteaux de la noblesse. Les seigneurs
étaient spirituels et galants ; les châteaux
étaient pleins d'objets d'art ; les femmes
étaient belles et de mœurs aimables ; mais
les comtes et les barons étaient de petits
Césars : ils ne traitaient le peuple que par
la force. Ils avaient cessé de résister aux

rois, mais ils avaient appris à opprimer le peuple. Leur opposition était brisée, mais leur droit sur les inférieurs existait encore. En Bretagne, quand le seigneur venait au château pour assister à un mariage ou à un baptême, il fallait que les paysans passassent la nuit à battre les étangs avec des gaules, pour faire taire les grenouilles :

> Allons, mes demoiselles, taisez-vous ;
> Monsieur dort... laissez dormir monsieur.

* * *

Quand la noblesse ne cherche plus qu'à avoir les côtés extérieurs de la religion, tout va mal.

Quand le prince de Conti, qui était connu pour son esprit d'opposition, mourut, il ne voulut pas recevoir l'archevêque de Paris, qui lui apportait les saints Sacrements.

—Mon cher abbé, disait un autre prince à un haut ecclésiastique, voulez-vous devenir mon aumônier? Mais je vous avertis que je ne vais jamais à la messe.

— C'est fort heureux, répondit l'ecclésiastique, car je n'en dis jamais.

Quand le prince de Rohan fit une faillite de trente millions, il dit, pour mettre fin au mécontentement général :

— Il n'y a qu'un roi ou un Rohan qui puisse faire une faillite pareille.

Et la noblesse ne protégea pas le roi. La fureur se déchaîna d'abord contre les riches, et la haine, déchainée par leur morgue et leur force, alla frapper le roi, qu'on voulut rendre responsable de leurs crimes.

Car une noblesse qui ne fait pas son devoir est un danger pour le roi. Les privilèges ne s'appuient que sur la force des armes, et, cette force, c'est le roi qui la détient. S'il est obligé de s'en servir pour défendre sa noblesse, il se découvre lui-même. C'est ce qu'on ne voulait pas comprendre, à cette époque, en France. On disait couramment qu'il était moralement impossible qu'il y eût une émeute ou une révolution : il y avait assez de soldats pour mater les villes, assez de gens d'armes pour calmer les campagnes : et l'on ajoutait que si le Parisien voulait

bouger, on l'enfermerait dans sa grande
cage et on ne lui donnerait rien à manger,
ce qui serait la meilleure manière de le
rendre sage. Voilà où l'on en était en
1788.

Le plus grand danger que court le
césarisme, c'est d'être obligé de ne se
fier qu'aux soldats.

*
* *

La royauté était devenue si forte en
France, qu'elle n'avait plus l'air d'avoir
besoin de soutien; et c'est pour cela
qu'elle n'en avait pas. L'appareil de luxe
et de cour qui entourait le roi était s

grand, que le roi ne pouvait pas voir ce
qui se passait en dehors de la cour. Il
était entouré d'une armée de courtisans
de tout rang, et la royauté n'avait souvent pas de pires ennemis. Ils adoraient
le roi et ils intriguaient contre lui; ils le
flattaient et ils se moquaient de lui en
même temps: ils se faisaient mutuelle-
ment la guerre, et c'était la royauté qui
payait les frais.

Droz fait, à ce sujet, dans son *Histoire de
Louis XVI*, un récit très caractéristique.
Il dit: « Pendant que le roy voyageait, il
recevait à chaque instant des preuves
d'amour de ses sujets; tandis que, dans
ses châteaux, il se savait entouré de gens
dont il était la risée. C'est pour cela qu'il
aimait les voyages. »

7.

Droz a raison : les qualités plutôt négatives du roi Louis XVI plaisaient plus au peuple qu'aux courtisans, dont la langue distille les poisons les plus pernicieux et dont les flatteries ne durent qu'autant que l'exige leur intérêt. On a dit d'eux qu'ils étaient la traîne de la royauté; on a eu raison, et on aurait pu et dû ajouter que cette traîne prend parfois la forme d'un serpent. Les courtisans sont quelquefois fidèles aux vrais rois : quand ils se trouvent en face d'un César, ils jouent le rôle des affranchis de Néron. Vers la fin de la monarchie française, la vie de cour était si étendue, que le roi n'arrivait plus à la dominer. Il ne savait plus ce qui se passait en dehors de la cour. Le seul bien qui l'unissait au reste du pays, c'étaient les impôts et l'argent dont il avait besoin.

Si l'encens césarien n'avait pas quelque peu étourdi Louis XV, il aurait été un souverain très supportable. Il était presque bon et presque naïf. Un mot de lui à ses courtisans, un jour qu'il entendait parler des embarras des rues de Paris, en dit plus que de longues dissertations sur son caractère. Il n'y avait pas, à cette époque-là, de trottoirs : les cabriolets passaient au milieu de la foule, et les accidents étaient fréquents. Le roi se contenta de dire : « Si j'étais lieutenant de police, je défendrais les cabriolets. » C'est encore Louis XV qui disait à un prêtre lui racontant que les domestiques portant la livrée royale mendiaient dans les rues de Ver-

sailles : » Ça ne m'étonne pas, on ne les
paye pas. »

L'État était dans les mains du roi
comme une montre gigantesque et quand
quelque chose s'arrêtait dans le méca-
nisme de la montre, le roi ne pensait pas
qu'il pouvait y avoir de sa faute. Il finissait par ne plus comprendre comment
on pouvait avoir l'audace de s'opposer à
un de ses désirs ou à un de ses vœux.

Dans un des carnets du roi Louis XV,
un de ces carnets dans lesquels il grif-
fonnait quelques phrases pour faire plaisir à la comtesse du Barry, on trouve
ceci :

« Ouvert une fenêtre pour voir si le
temps était propice pour la chasse. Aperçu
sur un mur une impertinence écrite en

caractères tellement grands que je pou-
vais la lire de la place où j'étais. C'est un
des piqueurs qui a dû l'écrire. Quitté ma
chambre dans une grande colère, trouvé
M. de Choiseul dans mon cabinet de tra-
vail, lui ai montré l'inscription et ai pro-
fité de l'occasion pour lui dire tout le
bien que je pense de la personne qui y
était insultée, ai voulu combattre à l'avance
tout ce que Choiseul aurait pu répondre
à mes louanges et ai fini par lui dire
qu'on ne peut pourtant lui faire qu'un re-
proche, c'est que j'ai succédé dans son
cœur à Sainte-Foy. » — « C'est très juste,
Sire, répondit Choiseul, absolument
comme Votre Majesté a succédé à Phara-
mond sur le trône de France. » — « Choiseul, continue le roi, fait volontiers des

plaisanteries anodines; mais, au fond, c'est un brave homme. »

Il est probable que les anodines plaisanteries de Choiseul lui coûtèrent sa place de premier ministre, et « Saute Choiseul et saute Praslin », comme disait la chanson de la favorite.

*
* *

L'infortuné Louis XVI fut une victime du césarisme. Quand il monta sur le trône, il n'avait pas une idée de la profondeur de l'abîme qui s'ouvrait devant lui. Cet abîme était encore recouvert par une couche de lys dorés. Son avénement

fut une fête : on considérait Louis XVI
comme le symbole de l'avenir. Les cor-
tèges et les représentations théâtrales, les
fêtes à la Cour éblouissaient encore le
peuple. Il y avait bien quelques hommes
en France qui donnaient des conseils,
qui étaient inquiets; mais un roi de
France ne pouvait pas avoir d'inquié-
tudes : il guérissait encore les écrouelles.

C'était une phrase dangereuse que
celle que les ministres firent prononcer par le roi, en 1782. « Tout ce
qui se fait en mon nom, se fait par mon
ordre. » C'était un mensonge et un crime,
car en prononçant cette phrase, le roi
prenait la responsabilité de toutes les
fautes qui se commettaient dans le pays.

Mais ce n'est pas la seule faute qu'on

ait commise, on n'a qu'à se souvenir d
ce qui se passait en 1787 quand on er
voya au *Journal de Paris* et au *Me*
cure la note par laquelle on annonçait l
réunion des États-Généraux. On ava
cru bon de la rédiger dans les termes qu
voici : « La nation verra avec bonheu
que le roy la trouve digne de s'approche
de lui. » Ce fut Calonne qui, le premier
s'aperçut de l'effet déplorable produit pa
cette formule; il la corrigea et écrivit
« La nation verra avec bonheur que l
roi s'approche d'elle. »

Le bonheur ne dut pas être très grand
car le peuple s'approcha du roi jusqu'a
pied de la guillotine.

*
* *

Les fautes continuèrent même quand le danger augmenta, même pendant l'Assemblée des notables. On ne supprima rien de l'ancien cérémonial. Quand le roi entrait dans la salle des délibérations, on ne délibérait plus, tout se taisait. La volonté du roi avait force de loi.

Ce fut vers la même époque, en 1788, à une soirée chez la duchesse de Gramont, que Cazotte, à en croire un récit de La Harpe, prophétisa l'avenir d'une si curieuse façon. On a beaucoup discuté sur l'authenticité de cette prédiction. Les uns la croient vraie, les autres n'y voient qu'un récit inventé par La Harpe. Elle ne peut pas être complètement inventée. Il règne dans tout le récit un ton de tragique

vérité qui ne peut pas tromper. Cazotte,
qui ne partageait pas l'optimisme de son
temps, causait un soir avec Lamoignon,
Malesherbes, Chamfort, Sylvain, Bailly
et d'autres. On parlait du triomphe de la
philosophie et des superstitions reli-
gieuses et voici le récit de La Harpe dont
on parle souvent et que l'on connaît peu :

« Il me semble que c'était hier, et c'était
cependant au commencement de 1788.
Nous étions à table chez un de nos con-
frères à l'Académie, grand seigneur et
homme d'esprit; la compagnie était nom-
breuse et de tout état, gens de cour, gens
de robe, gens de lettres, académi-
ciens, etc. On avait fait grande chère,
comme de coutume. Au dessert, les vins

Malvoisie et de Constance ajoutaient, à
gaieté de bonne compagnie, cette sorte
e liberté qui n'en gardait pas toujours
ton : on en était venu alors dans le
onde au point où tout est permis pour
ire rire. Chamfort nous avait lu de ses
ontes impies et libertins, et les grandes
ames avaient écouté, sans avoir même
ecours à l'éventail. De là un déluge de
laisanteries sur la religion : et d'applau-
ir. Un convive se lève, et tenant son
erre plein : « Oui, messieurs, s'écrie-t-
, je suis aussi sûr qu'il n'y a pas de Dieu
ue je suis sûr qu'Homère est un sot ; »
t, en effet, il était sûr de l'un comme de
autre ; et l'on avait parlé d'Homère et
e Dieu ; et il y avait là des convives qui
vaient dit du bien de l'un et de l'autre.

La conversation devient plus sérieus
on se répand en admiration sur la *ré*
lution qu'avait faite Voltaire, et l'
convient que c'est là le premier titre
sa gloire. « Il a donné le ton à son siècl
et s'est fait lire dans l'antichamb
comme dans le salon. » Un des convive
nous raconta, en pouffant de rire, qu
son coiffeur lui avait dit tout en le po
drant : « *Voyez-vous, monsieur, quoiq*
je ne sois qu'un misérable carabin,
n'ai pas plus de religion qu'un autre.
On conclut *que la révolution ne tarde*
pas à se consommer; qu'il faut absol
ment que la *superstition et le fanatism*
fassent place à la philosophie, et l'on e
est à calculer la probabilité de l'époqu
et quels seront ceux de la société qu

erront *le règne de la raison.* Les plus vieux se plaignent de ne pouvoir s'en flatter; les jeunes se réjouissent d'en avoir une espérance très vraisemblable ! Et l'on félicitait surtout l'Académie d'avoir préparé *le grand œuvre,* et d'avoir été le chef-lieu, le centre, le mobile *de la liberté de penser.*

Un seul des convives n'avait point pris de part à toute la joie de cette conversation, il avait même laissé tomber tout doucement quelques plaisanteries sur notre bel enthousiasme : c'était Cazotte, homme aimable et original, mais malheureusement infatué des rêveries des *illuminés.* Son héroïsme l'a depuis rendu à jamais illustre.

Il prend la parole et du ton le plus sé-

rieux : « Messieurs, dit-il, soyez satis-
faits ; *vous verrez tous cette grande et sublime révolution* que vous désirez tan
Vous savez que je suis un peu prophète, j
vous répète, vous la verrez. « On lui répon
par le refrain connu, *faut pas être gran
sorcier pour ça.* « Soit, mais peut-êt
faut-il l'être un peu plus pour ce qui m
reste à vous dire. Savez-vous ce q
arrivera de cette *révolution,* ce qui e
arrivera pour vous, tant que vous ête
ici, et ce qui en sera la suite immédiat
l'effet bien prouvé, la conséquence bie
reconnue ? — Ah ! voyons, dit Condorce
avec son air sournois et niais ; un philo
sophe n'est pas fâché de rencontrer u
prophète. — *Vous, monsieur de Coi
dorcet, vous expirerez étendu sur l*

avé *d'un cachot*, vous mourrez du poison que vous aurez pris, pour vous dé-
rober au bourreau ; du poison, que le
bonheur de ce temps-là vous forcera, de
porter toujours sur vous. »

Grand étonnement d'abord ; mais on
se rappelle que ce bon Cazotte est sujet à
rêver tout éveillé, et l'on rit de plus
belle : « Monsieur Cazotte, le conte que
vous nous faites ici n'est pas si plaisant
que votre *Diable amoureux*; mais quel
diable vous a mis dans la tête ce *cachot*,
ce *poison* et ces *bourreaux*? Qu'est-ce
que tout cela peut avoir de commun avec
la philosophie et le règne de la raison?
— C'est précisément ce que je vous dis;
c'est au nom de la philosophie, de l'humanité, de la liberté, c'est sous le règne

de la raison, qu'il vous arrivera de fini
ainsi, et ce sera bien le règne de la rai
son, car alors *elle aura des temples,*
même il n'y aura plus dans toute l
France, en ce temps-là, que des *templ*
de la Raison. — Par ma foi, dit Cham
fort, avec le rire du sarcasme, vous n
seriez pas un des prêtres de ces temple
là. — Je l'espère ; mais vous, monsieu
de Chamfort, qui en serez un, et tr
digne de l'être, *vous vous couperez l*
veines de vingt-deux coups de rasoi
et pourtant vous n'en mourrez qu
quelques mois après. « On se regarde
l'on rit encore. « Vous, monsieur Vicq-D
zir, vous ne vous ouvrirez pas les vein
vous-même ; mais, après vous les avo
fait ouvrir six fois dans un jour, apr

un accès de goutte pour être plus sûr de votre fait, vous mourrez dans la nuit. Vous, monsieur de Nicolaï, vous mourrez sur l'échafaud; vous, monsieur Bailly, sur l'échafaud; vous, monsieur de Malesherbes, sur l'échafaud. — Ah ! Dieu soit béni ! dit Roucher, il paraît que monsieur n'en veut qu'à l'Académie ; il vient d'en faire une terrible exécution; et moi, grâce au ciel... — Vous ! vous mourrez aussi sur l'échafaud.

—Oh ! c'est une gageure, s'écrie-t-on de toutes parts, il a juré de tout exterminer. — Non, ce n'est pas moi qui l'ai juré. — Mais nous serons donc subjugués par les Turcs et les Tartares ? Encore?...

—Point du tout, je vous l'ai dit : vous serez alors gouvernés par la seule *phi-*

losophie, par la seule *raison*. Ceux qui
vous traiteront ainsi seront tous des *philosophes*, auront à tout moment dans la
bouche toutes les mêmes phrases que
vous débitez depuis une heure, répète-
ront toutes vos maximes... » On se disait
à l'oreille : « Vous voyez-bien qu'il est
fou (car il gardait le plus grand sérieux)
Est-ce que vous ne voyez pas qu'il plai-
sante ? et vous savez qu'il entre toujours
du merveilleux dans ses plaisanteries. —
Oui, reprit Chamfort, mais son merveilleux n'est pas gai ; il est trop patibulaire
et quand tout cela arrivera-t-il ? — *Six
ans ne se passeront pas que tout ce que
je vous dis ne soit accompli.*

— « Voilà bien des miracles (et cette
fois c'était moi-même qui parlais); c

vous ne m'y mettez pour rien? — Vous y serez pour un miracle tout au moins aussi extraordinaire : vous serez alors chrétien. » Grandes exclamations, » Ah ! reprit Chamfort, je suis rassuré ; si nous ne devons périr que quand La Harpe sera chrétien, nous sommes immortels. — Pour ça, dit alors madame la duchesse de Grammont, nous sommes bien heureuses, nous autres-femmes, de n'être pour rien dans les *révolutions*. Quand je dis pour rien, ce n'est pas que nous ne nous en mêlions toujours un peu ; mais il est reçu qu'on ne s'en prend pas à nous ; et notre sexe..

— *Votre sexe, mesdames, ne vous en défendra pas cette fois :* et vous aurez beau ne vous mêler de rien, vous serez traitées tout comme les hommes, sans aucune différence quelconque. — Mais qu'est-ce que vous nous dites donc là, monsieur Cazotte? c'est la fin du monde que vous nous prêchez. — Je n'en sais rien, mais ce que je sais, c'est que vous, madame la duchesse, *vous serez conduite à l'échafaud*, vous et beaucoup d'autres dames avec vous, dans la charrette du bourreau, et les mains liées derrière le dos. — Ah! j'espère que dans ce cas-là, j'aurai du moins un carrosse drapé de noir. — Non, madame, de plus grandes dames que vous iront comme vous en charrette, et les mains liées, comme vous. — De plus grandes dames! quoi! *les princesses du sang De plus grandes dames encore...* « Ic un mouvement très sensible dans toute la compagnie, et la figure du maître se rembrunit. On commençait à trouver que la plaisanterie était forte. Madame de Grammont, pour dissiper le nuage, n'hésita pas sur cette dernière réponse, et se contenta de dire, du ton le plus léger : « *Vous verrez qu'il ne me laissera pas seulement un confesseur.*

— *Non, madame, vous n'en aurez pas ni personne. Le dernier supplicié, qui en aura un par grâce, sera...* »

Il s'arrêta un moment. « Eh bien ! quel est donc l'heureux mortel qui aura cette prérogative ? — C'est la seule qui lui restera : et ce sera *le roi de France.* »

Le maître de la maison se leva brusquement, et tout le monde avec lui. Il

8.

alla vers M. Cazotte, et lui dit, avec un ton pénétré :

« Mon cher monsieur Cazotte, c'est assez faire durer cette facétie lugubre : vous la poussez trop loin, et jusqu'à compromettre la société où vous êtes, et vous-même. » Cazotte ne répondit rien, et se disposait à se retirer, quand madame de Grammont, qui voulait toujours éviter le sérieux et ramener la gaieté, s'avança vers lui : « Monsieur le prophète, qui nous dites à tous notre bonne aventure, *vous ne nous dites rien de la vôtre.* » Il fut quelque temps en silence et les yeux baissés : « Madame, avez-vous lu le siège de Jérusalem, dans Josèphe ? — Oh ! sans doute ; qu'est-ce qui n'a pas lu ça ; mais

uites comme si je ne l'avais pas lu. — Eh
ien, madame, pendant ce siège, un
omme fit sept jours de suite le tour des
emparts, à la vue des assiégeants et des
ssiégés, criant incessamment d'une voix
inistre et tonnante : *Malheur Jérusa-
m! Malheur à moi-même!* et dans le
oment une pierre énorme, lancée par
es machines ennemies, l'atteignit et le
it en pièces. »

Et après cette réponse, M. Cazotte fit sa
évérence et sortit.

* *

Il est possible que cette vision de Ca-
otte ait été arrangée par La Harpe : il est

tout à fait improbable qu'elle ait été inventée après coup. Si tel était le cas, on aurait introduit dans l'histoire d'autres personnages plus marquants, les Girondins, Danton et Marat, par exemple. Cazotte était un homme extraordinaire et les visions sont peut-être plus fréquentes qu'on ne croit.

Du reste, peu importe que cette prophétie soit vraie ou fausse; et ce n'est pas à ce point de vue que je la publie ici. Je la trouve seulement singulièrement caractéristique pour indiquer la différence qui existe entre 1788 et 1790. Ce salon, rempli de jolies femmes et de beaux esprits, devient un objet d'horreur quand on se dit que derrière ses murs se trouvent la guillotine et le bourreau. On croit

qu'il n'y a aucun rapport entre les assassinés du lendemain et leurs soi-disant
juges, et tout à coup, par un récit
comme celui qu'on vient de lire, on en
découvre en quantité.

*
* *

Avant 1789, la France était une maison
superbement dorée, couverte de fresques
que tout le monde admirait et que l'on
croyait bâtie pour l'éternité; mais la maison n'était pas solide; les fondations
étaient pourries, les fresques servaient
seulement à cacher les crevasses des
murs; tout l'or et tout le luxe des déco-
rations ne tinrent que jusqu'au mo-

ment où souffla le vent de la tempête.

Et la peur qui suivit l'effondrement fut d'autant plus grande que l'on avait eu plus confiance dans la solidité de la maison.

Tout le monde y avait été trompé : les partisans de la royauté aussi bien que les assaillants. Les ennemis même de la royauté ne la croyaient pas aussi faible qu'elle l'était en vérité. Jusqu'au moment de la prise de la Bastille, personne n'aurait cru que le césarisme avait fini par mettre le principe monarchique à la merci de la première émeute venue. Qui aurait pu croire qu'une poignée d'émeutiers suffirait pour prendre la Bastille, que l'on considérait à tort ou à raison comme le symbole du césarisme ?

Qui aurait cru que la force armée aurait
été incapable d'empêcher le mouvement
insurrectionnel, et qu'enfin la Cour per-
drait la tête au point de ne pas même
essayer de résister au mouvement. Quand
on réfléchit à ces choses, on arrive à
comprendre non seulement la prise de la
Bastille, mais encore la guillotine qui en
fut la suite directe.

*
* *

Pour l'expliquer, nous n'avons qu'à
nous reporter à la citation que nous fai-
sions plus haut : « Quand le peuple de
Paris n'aura plus peur, quand il sera déli-

vré des soldats, il commettra les atrocités
les plus épouvantables. »

Quand la foule n'est retenue pendant
des siècles que par la peur, elle devient
terrible le jour où elle voit qu'elle a eu
tort d'avoir peur. Les hommes libres se
calment quand ils sont en face d'êtres fai-
bles ; des esclaves délivrés deviennent
plus furieux encore quand ils voient que
la main qui les a châtiés jusqu'alors est
énervée et impuissante. Les révoltes
d'esclaves ne furent jamais aussi terribles
à Rome que lorsqu'elles venaient à la
suite d'une défaite. C'est la faiblesse de
la répression et l'absence de résistance
qui amenèrent la Révolution. Et voilà
pourquoi on peut dire que le césarisme,
qui avait enlevé tous les soutiens natu-

rels de la Monarchie, qui avait fait du
peuple une proie de ce césarisme, a
levé lui-même la guillotine où tout devait périr. Du jour au lendemain, il n'y
eut plus rien. Les courtisans disparurent,
et le jour où l'infanterie et la cavalerie
manquèrent, la Monarchie n'eut plus de
soutien. Les spectres des Huguenots et
des Jansénistes sortirent de leurs tombes :
les bourreaux de la Saint-Barthélemy se
réveillèrent et l'on vit une fois de plus
que la peur suit le césarisme comme son
ombre. Si on avait su défendre la Bastille,
Marat ne serait jamais devenu le pour-
voyeur de la guillotine.

.·.

Mais il y eut encore une autre désillusion, tout aussi sensible que la première et au sujet de laquelle la prédiction de Cazotte est singulièrement instructive. Les hommes de lettres, les philosophes, les poètes s'étaient imaginé que c'était eux qui démolissaient l'absolutisme. Dans la singulière époque qui précéda 1789, tout semblait possible. L'État faisait saisir les livres écrits dans un esprit libéral, les brochures anti-cléricales et punissait sévèrement les auteurs quand on pouvait mettre la main sur eux : mais cette politique n'empêchait nullement les hommes d'État eux-mêmes d'approuver et les livres et les auteurs. Les juges eux-mêmes qui punissaient étaient du même avis que les « coupables. » A Paris même, il y avait beaucoup d'agents de police, mais il y avait encore beaucoup plus « d'athées. » Les maîtres de l'opinion publique, les philosophes comme on les appelait alors, avaient donc toutes raisons de se croire les maîtres du mouvement ; mais ils se trompaient sur leur puissance tout autant que le roi se trompait sur la sienne. Ils croyaient avoir le peuple dans la main parce qu'ils faisaient de l'esprit avec les aristocrates dans les salons. On croyait partout ce que Chamfort dit dans le récit de Cazotte. Jean-Jacques Rousseau dit dans *Emile :* « Nous approchons de la crise et du siècle des révolutions : J'ai des raisons toutes spéciales pour être de cet avis ; mais il n'est pas encore temps de donner ces raisons ; ce serait d'ailleurs inutile, puisque chacun les sent comme moi. » Il pensait probablement au triomphe de ses opinions ; mais comme tous les hommes de son temps et de sa force, il se trompait. Ils étaient bien capables d'aider à l'assaut, mais ils étaient incapables de le diriger et plus incapables encore de modérer les assaillants. La Révolution descendit du bureau pour aller dans la rue ; la hache du bourreau brisa la plume des philosophes ; l'encre avec laquelle on plaisantait agréablement la tyrannie et les tyrans devint rouge et la mort seule épargna l'échafaud à Voltaire et à Rousseau.

Quand les esclaves reconnurent la faiblesse de leurs adversaires, ils épargnèrent aussi peu les écrivains que les roya-

listes, et les philosophes défendirent
aussi mal leur chaire que la monarchie
avait défendu la Bastille.

*
* *

Beaucoup de rois ont été tués, empoi-
sonnés ou assassinés :

Charles Ier, d'Angleterre, fut guillotiné,
mais aucune de ces morts n'a eu l'importance de la mort de Louis Capet. C'est
qu'avec Charles Ier, on ne jugea pas la
Royauté, tandis que sur la guillotine de
la place de la Révolution, on guillotina en
même temps que le roi le principe de la
monarchie.

.

Et pourtant, Louis XVI n'était pas coupable : ce qui était coupable, c'était le pouvoir qu'il possédait : ce qui lui a coûté la vie, ce sont les abus auxquels ce pouvoir donna naissance. Ce qui amena la Révolution et ses excès sanglants, c'est que les rois voulurent être des Césars. Et ce qu'il y a de terrible dans cette Révolution, c'est que le martyre ne fait qu'un avec ce qu'on y appela la justice.

Je sais bien que l'Ecriture dit que le déluge était inévitable, mais je sais aussi que l'Ecriture dit que les suites du déluge furent terribles.

Et, pendant que j'écris ces lignes, j'ai devant les yeux la scène du *Déluge*, de Girodet : les géants qui tombent dans l'abime, et avec eux, les femmes et les enfants, tandis que le serpent s'enroule autour de l'arche.

De même, en France, les innocents et les coupables furent noyés dans la mer de sang, mais le serpent ne périt pas.

Le césarisme ne périt pas non plus. Napoléon se chargea de le prouver, mais la Royauté a été tuée. Le 21 janvier, on a guillotiné la France, et depuis, il ne manque plus seulement à ce malheureux pays l'huile sainte, avec laquelle on oignait ses rois, mais aussi la feuille d'olivier de la paix.

Leibnitz, que l'on a appelé, avec juste

raison, le philosophe du siècle, a fait
une remarque que je demande à citer :
« Je trouve, dit-il, que les opinions fri-
voles et antireligieuses, qui gagnent de
plus en plus les gens sur lesquels les
autres ont l'habitude de se modeler, pré-
parent la Révolution générale qui me-
nace toute l'Europe. Si l'épidémie gagne,
la Révolution, qui sera alors inévitable,
apportera la guérison et le bien de tous,
même si la punition de ceux qui, par
leurs mauvaises actions, auront amené la
crise, est impossible. »

La guillotine a été une punition triste
et pleine de larmes. Niobé, elle aussi,
est tombée par excès de fierté, mais cela
ne l'empêche pas de pleurer devant le
cercueil qui contient ses enfants.

CHAPITRE IV

Malesherbes avait dit à Louis XVI :
« La cause de tous les malheurs, Sire,
c'est que votre peuple n'a pas de constitution. »

Mais comment ce peuple aurait-il pu
avoir une constitution ? Les aïeux du roy
avaient détruit tout ce qui ressemblait à
une constitution, et chaque fois que l'infortuné Louis XVI essayait de donner à
son peuple quelque chose qui y ressem-

blait, on le rejetait pour laisser toute latitude à la volonté du roy, ou plutôt pour rendre inviolable la volonté de ceux qu'il conseillait. La vraie Royauté ne peut pas exister sans constitution, c'est-à-dire sans une entente avec le peuple, entente précédée d'une discussion. Louis XVI, le descendant de celui qui avait dit : « L'Etat, c'est moi », ne l'a jamais compris, pas même au pied de l'échafaud.

Mais il faut que les constitutions soient véritablement accordées. Les constitutions écrites et octroyées n'ont jamais sauvé une monarchie. Trois fois, la monarchie a été renversée en France, bien qu'elle ait eu le Parlement de son côté.

En Angleterre, on a pu rétablir une

Royauté durable, bien que les souverains n'aient pas toujours eu les vertus de la reine Victoria, bien que leur vie privée n'aurait pas pu être comparée à celle de Charles X ou de Louis-Philippe.

L'établissement d'un régime durable et pacifique est-il donc impossible en France? Ce serait nécessaire, mais c'est difficile.

Tout ce qui se passe en France et ailleurs nous montre combien un siècle est court, et combien (malgré les changements dans les mœurs, malgré la mort) les contrastes et les erreurs restent au fond les mêmes, quoi qu'en puisse penser un observateur superficiel.

Malgré les catastrophes formidables de la Révolution, malgré les guerres du premier et du dernier des Napoléon, on voit encore en France la lutte des vieilles idées, des vieilles erreurs et des vieilles phrases.

Le fétichisme de la sainte Révolution lutte avec le fétichisme du saint Louis XVI. Personne ne met en doute la vérité du mot de Leibnitz « que la correction a fait du bien en France et en Europe, » Le balai était sanglant, mais il a bien nettoyé. Le peuple est devenu plus libre, les paysans sont plus heureux et plus riches; les villes se sont développées : les grenouilles croassent en paix, la chasse, même la chasse aux femmes, a été réglementée ; l'État a été administré d'une façon plus rationnelle. — Mais tout en constatant ces progrès, il ne faut pas oublier le sang qui tachait le balai et la hache qui ornait la guillotine.

Quelles qu'aient été les suites de la Révolution, Marat et Robespierre n'en sont pas plus beaux. Le pouvoir était tombé entre les mains de gens cruels : ce sont eux qui ont amené des excès et des cruautés. La fierté de Babylone n'a pu être abattue que par Babylone elle-même. La France se sentit débarrassée de plus d'une chaine; mais elle perdit en même temps la pitie et la pudeur. Il y avait des choses terribles à venger et les vengeances furent plus terribles encore. La Révolution fut une sanglante réalité et la République qu'elle fonda ne fut qu'une phrase. Et au moment où la République actuelle fait penser à la montagne qui accouche d'une souris, il serait bon de prouver où et quand la République a été un bien pour la France. Si la République avait été un bien, il y a longtemps que les discussions intestines auraient pris fin et on ne dirait pas partout qu'elle ne doit son existence qu'au grand nombre des prétendants à la couronne.

Mais la maison royale contre laquelle la Révolution s'est faite n'a pas renoncé à ses prétentions. On pourrait encore dire d'elle, sans se tromper, qu'elle n'a rien oublié et rien appris. Malgré le coup terrible qui l'a frappée, elle n'a pas compris les fautes qu'elle a commises. Les princes emportèrent dans leur exil la colère et la douleur, mais ils comprirent à peine qu'il fallait changer la royauté telle que

Louis XIV l'avait comprise. Ils considérè-
rent la constitution comme un frein haïssable et méprisable. Au lieu de s'habituer
à elle, ils entrèrent en lutte avec elle. Ils
essayèrent de la tourner, ils essayèrent
de tromper ceux qui avaient à la défendre :
ils voyaient en la Constitution un produit
de la Révolution. Combien grande pourtant était leur erreur !

C'est là le danger du césarisme, même
lorsqu'il s'appuie sur une constitution : il
en arrive forcément à vouloir la rapetis-
ser et la ridiculiser: il veut la dominer,
il veut faire comme le vieux Parlement
de Paris : d'un obstacle il veut tirer un
instrument. Mais alors tout est perdu : la
Constitution perd sa force: elle ne peut
plus servir d'appui, elle est obligée pour

résister d'attirer à elle les éléments révolutionnaires.

Dans aucun pays l'histoire et les prédispositions populaires ne sont aussi favorables aux principes monarchiques. C'est la royauté qui a fait de Paris le centre du pays : c'est à Paris qu'on comprendra surtout la nécessité de la monarchie quand on se sera débarrassé des phrases consacrées aux bienfaits de la Révolution et de la République.

Où veut-on que le peuple jette les yeux, quand tout est déchiré dans la République?

Je n'ai, Dieu merci! pas de conseils à donner là-dessus. Je ne sais qu'une chose : c'est qu'il ne sera possible de ramener le roi que lorsqu'on aura compris qu'il est nécessaire au bien du pays.

La royauté doit être ramenée par la volonté du peuple et non par une loi électorale artificielle.

On me dira que tout cela est de l'idéal : c'est possible, mais ce n'est que dans l'idéal qu'on trouve la paix.

ÉMILE COLIN — IMPRIMERIE DE LAGNY

Collection à 3 fr. 50 le vol. gr. in-18 jésus.

ADOLPHE BADIN	Amours honnêtes	1 vol
GASTON BERGERET	Les Événements de Pontax	1
—	Mon Cousin Bobylas	1
JEAN BLAIZE	Les Planches	1
F. DU BOISGOBEY	Un Mariage d'inclination	1
—	Main froide	1
ADOLPHE BURDO	Stanley	1
A. COFFIGNON	Les Coulisses de la Mode	1
—	L'Enfant à Paris	1
—	La Corruption à Paris	1
ERNEST DAUDET	Giselle Rubens	1
LOUIS DEPRET	Le premier Ami	1
ÉMILE GOUDEAU	Dix ans de Bohême	1
LÉON GOZLAN	Aristide Froissart	1
L^t-COL^l HENNEBERT	Les Armées modernes	1
—	La France sous les armes	1
—	Les Frontières de France	1
GEORGES GRISON	L'Ami du Commissaire	1
F. DE JULLIOT	La Contre-Allée	1
CH. LEGRAND	Une Fille de Loth	1
—	L'Homme de 40 ans	1
—	L'Age de papier	1
CAMILLE LEMONNIER	En Allemagne	1
PIERRE MAEL	Le Torpilleur 29	1
—	L'Alcyone	1
—	Pilleur d'Epaves	1
P. MANTEGAZZA	L'Amour dans l'Humanité	1
—	L'Hygiène de l'Amour	1
—	Physiologie de l'Amour	1
PAUL MARGUERITTE	Pascal Géfosse	1
—	Jours d'Epreuve	1
—	Amants	1
JULES MARY	L'Ami du Mari	1
—	Les Pigeonnes	1
—	Je t'aime	1
—	Roger la Honte	2
—	Guet-Apens	1
GUY DE MAUPASSANT	Les Contes de la Bécasse	1
CH. MONSELET	Souvenirs littéraires	1
EUGÈNE MOUTON	L'affaire Scapin	1
GEORGES NAZIM	Le Jockey	1
—	Les Rastaquouères	1
G. DE PEYREBRUNE	Victoire la Rouge	1
A. ROBIDA	La Part du Hasard	1
FRANÇOIS SAUVY	Folle Province	1
GÉNÉRAL THOUMAS	Causeries militaires	1
LÉON TOLSTOÏ	Quelle est ma Vie	1
ZED	Parisiens et Parisiennes en dés- habillé	1

IMP. NOIZETTE, 8, RUE CAMPAGNE-PREMIÈRE, PARIS.